イラストでわかる 特別支援教育サポート事典

「子どもの困った」に対応する99の実例

国立特別支援教育総合研究所 上席総括研究員
笹森洋樹【編著】

合同出版

読者のみなさまへ

　特別支援教育は、特別な教育的支援を必要とする子どもの自立や社会参加に向けた主体的な取り組みを支援するものです。そのために、子ども一人ひとりの教育的ニーズを把握し、持っている力を高め、生活や学習上の困難を改善または克服できるように、個々のニーズに応じた指導や支援を行ないます。

　これまでの特殊教育と違い、特別な支援を必要とする子どもが在籍するすべての学校において実施されています。障害のある子どもへの教育にとどまらず、障害の有無やその他の個々の違いを認識しつつ、さまざまな人びとが生き生きと活躍できる共生社会の形成の基礎となることを目的とした教育です。

　文部科学省の調査によれば、小、中学校の「通常の学級に在籍する発達障害の可能性のある児童生徒」の割合は、約6.5％であると報告されています。40人学級で2、3人の割合で在籍していることになります。通常の学級には障害のある子どものほかにも、不登校やいじめの問題、病気や養育環境の問題を抱える子どもが在籍しているばあいもあり、数多くの子どもが特別な支援を必要としている現状があります。担任が1人で個々の子どもの問題に対応するのではなく、学校全体で組織的、計画的に子どもの支援を実践していく体制作りが重要になります。

　本書は、学校生活でよくみられる、支援を必要としている子どもの「困った」場面を99例とりあげ、その指導や支援の方法を紹介しました。それぞれの場面についての解説とその解決のヒントをわかりやすいイラストで示しています。

　学級担任だけでなく、特別支援教育コーディネーターや特別支援学級担任、通級の担当教員、養護教諭など校内の教職員が子どもの支援について共に考えるために、また職員と保護者が連携を図るために、さらに、これから教職をめざす大学生や大学院生が特別支援教育の参考になるよう編集しました。

　本書の活用により、多くの子どもたちが安心して自信を持って学校生活を送ることができることを願っています。

笹森洋樹
国立特別支援教育総合研究所 総括研究員

もくじ

- ◎ 読者のみなさまへ　2
- ◎ この本の使い方　7

授業中のよくある「困った」

- ① みんなといっしょに行動できません　8
- ② 話を最後まで聞けません　10
- ③ 立ち歩いたり、まわりの子に話しかけたりします　12
- ④ 予定の変更に対応できず、とても不安になります　14
- ⑤ 待つことが苦手で順番を守れません　16
- ⑥ 何度も指名してほしいと騒ぎます　18
- ⑦ 集中力が続かず、姿勢がくずれてしまいます　20
- ⑧ ボーッとして別の世界に入り込んでしまいます　22
- ⑨ 教師に暴言を吐いたり、授業を妨害したりします　24
- ⑩ 課題を最後までやり遂げることができません　26
- ⑪ 指名すると、黙り込んで固まってしまいます　28
- ⑫ 作業を途中で切り上げることができません　30
- ⑬ 自分のやり方に固執して、指示に従うことができません　32
- ⑭ 意見が食い違うと、固まってしまいます　34
- ⑮ 一方的に自分の話したいことだけ話し、相手の話を聞けません　36
- ⑯ 思ったままを、場に合わない大きな声で発言してしまいます　38
- ⑰ 言葉の意味を取り違え、よく勘違いします　40
- ⑱ まわりのことが気になって自分のことがおろそかになります　42
- ⑲ 学習に関係ない物をいつも触っています　44
- ⑳ 苦手だと思う活動には、はじめから取り組もうとしません　46
- ㉑ 教室から飛び出したり、家に帰ろうとしたりします　48
- ㉒ 頑張りすぎて、すぐに疲れてしまいます　50
- ㉓ 困ったことがあっても助けを求められません　52
- ㉔ 何に対しても不安が強く、心配ばかりしています　54
- ㉕ 自分に自信がなく、「どうせ私なんて……」とよく口にします　56

友だち関係のよくある「困った」

- ㉖ 言葉づかいがとても乱暴です ……… 58
- ㉗ 思ったことをそのままいうため、しょっちゅうトラブルになります ……… 60
- ㉘ 「ありがとう」や「ごめんなさい」がいえません ……… 62
- ㉙ 友だちとの約束が守れません ……… 64
- ㉚ 大事なことを後回しにしてしまいトラブルになります ……… 66
- ㉛ 友だちの失敗や間違えを、過度に責めます ……… 68
- ㉜ 被害者意識が強く、何でも人のせいにします ……… 70
- ㉝ 冗談がわからず、本気で怒ってしまいます ……… 72
- ㉞ 点数や勝敗にとてもこだわります ……… 74
- ㉟ 気持ちの切り替えがなかなかできません ……… 76
- ㊱ 人にぶつかったり、ふれたりしても、気づきません ……… 78
- ㊲ 特定の異性にしつこく関わり、嫌がられてしまいます ……… 80
- ㊳ マイペースで、まわりに合わせようとしません ……… 82
- ㊴ 何でも１人でやりたがり、友だちと協力するのが苦手です ……… 84

学習のよくある「困った」

- ㊵ 学習に必要なものや提出物をよく忘れてきます ……… 86
- ㊶ 学習用具の準備や片づけにとても時間がかかります ……… 88
- ㊷ とび箱、鉄ぼう、なわとびに取り組もうとしません ……… 90
- ㊸ はさみやのり、コンパスなどがうまく使えません ……… 92
- ㊹ 学習したことをすぐに忘れてしまいます ……… 94
- ㊺ 話の一部は理解しても、全体を理解することができません ……… 96
- ㊻ よく人の話を聞き間違います ……… 98
- ㊼ 筋道を立てて話すことが苦手です ……… 100
- ㊽ 自分の思いを言葉で表現することが苦手です ……… 102
- ㊾ 読み飛ばしや読み間違いをよくします ……… 104
- ㊿ 漢字学習が苦手です ……… 106
- 51 板書をノートに写すのが苦手です ……… 108
- 52 計算問題の位取りをよく間違えます ……… 110
- 53 算数の文章題を読んで数式を立てることが苦手です ……… 112
- 54 自分の描きたいものや作りたいものがすぐに思いつきません ……… 114

(55) 文章を書くことが苦手です …… 116
(56) 物事の手順や段取りがなかなか覚えられません …… 118
(57) グループ学習で自分の役割がわかりません …… 120

生活面のよくある「困った」

(58) 寄り道をして遅刻をしたり、帰宅時間が遅くなったりします …… 122
(59) 朝、学校に来てもランドセルを片づけずに遊んでいます …… 124
(60) 雨の日、傘がうまく扱えません …… 126
(61) ルールが守れず、自分勝手に行動してしまいます …… 128
(62) 列に並んでいると友だちにちょっかいを出してしまいます …… 130
(63) 危ないことを好んでします …… 132
(64) 休み時間はいつも１人で過ごしています …… 134
(65) 休み時間が終わっても、すぐに教室に戻ってきません …… 136
(66) 体育着、上ばき、白衣、水着などの始末がうまくできません …… 138
(67) いつも机の上が散らかり、机のまわりには物が落ちています …… 140
(68) ロッカーの整理が苦手で、物が落ちてしまいます …… 142
(69) つぎの日の学校の準備が自分でできません …… 144
(70) 係活動、当番活動を忘れてしまいます …… 146
(71) 静かに待つことができません …… 148
(72) 偏食が激しく、食べられるものがほとんどありません …… 150
(73) 食べこぼしが多いため、友だちから嫌がられています …… 152
(74) 給食の後片づけができません …… 154
(75) そうじの場所がわからずウロウロします …… 156
(76) そうじの時間、ほうきを振り回して遊んでしまいます …… 158
(77) 運動会の練習を嫌がり、参加できません …… 160

学校行事のよくある「困った」

- ㉞ 運動会のときに応援席で静かに見ていられません … 162
- ㉟ マイクの音や特定の音などをとても嫌がります … 164
- ㊱ 集合時間にいつも遅れてしまいます … 166
- ㊲ 遠足のとき、班から離れて行動してしまいます … 168
- ㊳ 班やバスの座席などを決めるときに、いつも1人になってしまいます … 170
- ㊴ 持ち物のパッキングがうまくできません … 172
- ㊶ 授業参観になると落ち着きません … 174
- ㊷ 避難訓練をとても不安がります … 176

放課後・家庭のよくある「困った」――保護者との連携

- ㊸ 学校の配布物が家庭に届きません … 178
- ㊹ 宿題を家でなかなかしません … 180
- ㊺ 友だちができないと保護者が悩んでいます … 182
- ㊻ 生活リズムが乱れていて、授業中寝てしまいます … 184
- ㊼ 朝、登校しぶりが見られます … 186
- ㊽ 放課後、異学年の友だちとよくトラブルになります … 188
- ㊾ ゲームソフトなどの貸し借りでトラブルになります … 190
- ㊿ お金を持ち出して、友だちにおごってしまいます … 192
- 94 携帯電話やスマートフォンにのめり込んでます … 194
- 95 虐待の疑いのある子がいます … 196
- 96 保護者の要求が多くて困っています … 198
- 97 特定の児童の行動に関して苦情が多く寄せられます … 200
- 98 特別支援の必要性について本人の保護者の理解が得られません … 202
- 99 特別支援教育について保護者にどう説明したらいいでしょうか … 204

- ◎知っておきたい特別支援教育Q&A … 206
- ◎あとがきにかえて … 210
- ◎参考になる本 … 213
- ◎参考情報 … 214
- ◎編者・執筆者紹介 … 215

この本の使い方

取り上げた 99 の事例は、「授業中」「友だち関係」「学習面」「生活面」「学校行事」「放課後・家庭」の 6 つの場面に分かれています。

授業中…みんなといっしょに参加することができない子どもの事例です。
友だち関係…円滑な友だち関係がとれない子どもの事例です。
学習面…読み書きなど具体的な学習活動にうまく取り組めない子どもの事例です。
生活面…集団生活上の決まりにうまく対処できない子どもの事例です。
学校行事…学校行事の場面で問題を抱える子どもの事例です。
放課後・家庭…家庭生活の改善や保護者との連携が必要な事例です。

左ページ

事例の解説です。
学級担任等が指導上の難しさを抱える場面や特別な支援を必要とする子どもの様子について、解説されています。
教師が困っているときは、子どもも困っている状況であると捉えることが大切です。

右ページ

解決のヒントです。
よくとってしまいがちな対応や、もうひと工夫するためのヒントと実践例が示されています。
子どもが困っている状況に気づかずに、大人の価値観だけで対応するとなかなかよい結果に結びつきません。

アドバイス・ポイント

それぞれの事例を通しておさえておきたいことをポイントやアドバイスとして載せていますので、ぜひ参考にしてください。

01 みんなといっしょに行動できません

　クラス全員へ指示を出しても、すぐに行動ができず、みんなから遅れてしまう子がいます。クラスのみんなはつぎの授業のため、教室を移動しているのに、そのまま教室に残っていたり、授業中、まわりの子は作業に取りかかっているのに何もせずボーッとしていたりします。

　みんなといっしょに行動できないのは、つぎの要因が考えられます。

・その時に行なっていることに夢中になってしまい、まわりの状況に気づけない(過集中)。

・まわりがどのような動きをしているか気づけない(状況の把握の困難)。

・指示の聞き落としや聞き違いが多いため行動が遅れてしまう(情報への注目の困難)。

●注意されるだけでは失敗体験ばかりが重なり、自信を失います

・個別の配慮やクラス全体での取り組みが必要。

●子ども一人ひとりに合った工夫をします

Nくん、いまから大切な話をするので聞いてください

・指示を出す前に、前もって話しかけ注意をひきつける。
・席を教師の近くにして、情報を受け取りやすくする。
・ほかのことに夢中になってしまうばあいは、タイマーなどでその活動の終わりを理解させる。
・「まわりを見てごらん。つぎは何の時間かな?」とまわりの様子に注目させる。

●指示をわかりやすくします

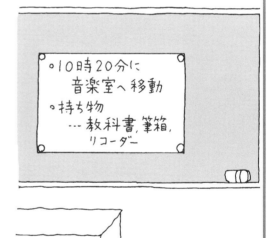

○10時20分に音楽室へ移動
○持ち物
　…教科書, 筆箱, リコーダー

・たくさんの指示を一度に出さず、短くはっきりと伝える。
・黒板に書くなど、見える形で残す。

ポイント

教室の移動や宿題・持ち物の確認など、毎日行なうクラス全体への指示は、掲示する場所を決めるなど統一した方法を決めておくとよいでしょう。子ども自身がそのルールを理解できるようサポートし、指示に対する行動を定着させていきます。

授業中のよくある「困った」

02 話を最後まで聞けません

今日はこんなものを作ります

　話を聞けない子にも、さまざまな子がいます。
　教師の説明半ばで作業をはじめてしまい、やり方を間違えて大失敗する「話を聞かない子」。友だちを真似てみたものの、失敗しそれを「お前が間違っていたから失敗した！」と友だちの責任にし、周囲から非難の嵐にさらされることがままあります。
　どんな場面でも「そんなの知ってる！」と強がり、わからなくても「教えてください」と援助を求めることを嫌がる「話が聞けない子」。プライドが高く、自分で自分を苦しめています。
　ちゃんと聞いていても内容を理解できず、いつも周囲の様子が気になっている「話を聞いてもわからない子」。いつも不安気な様子です。
　話が聞けない背景には、衝動性、新しいものを受け入れにくい思い込みの強さ、耳からの情報を理解・記憶し活用する力の弱さ、軽度聴覚障害などがあると考えられます。

●口頭だけの説明では理解できていません

・黒板に作業工程を示すなど、視覚支援が必要。

●子どもに作業の見通しを持たせる工夫をします

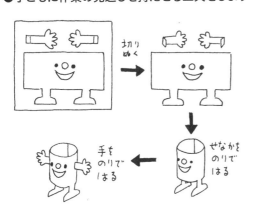

・黒板に作業工程を示しながら説明する。
・説明は短めにする。
・集中して話が聞けるよう、作業に必要な材料・道具などは説明後に配る。

・スケッチブックなどに紙芝居の要領で説明を書き、「つぎは何をするのかな〜？」と紙芝居のような見せ方で説明し、子どもの注意を向けさせる。

アドバイス

・「自分はできる（わかっている）！」と思っている子に対して、否定的な捉え方ではなく、「頑張り屋さん」「積極的な子」「前に進みたいという意欲に満ちている」と見方を変えましょう。気持ちをそぐような声かけはNGです。
・説明の手順どおりにできている子を全体に向かってほめます。子どもからの質問を受けたら、「質問すると楽にできるね！」などと全体に声をかけ、質問することのよさを伝えます。
・「聞くと効く（効き目がある）！　聞くと利く（役立つ）！」といった、オリジナル標語を作って「聞くこと」を実践しやすい言葉で伝えることも効果があります。

03 立ち歩いたり、まわりの子に話しかけたりします

　授業中、ふらっと席を離れたり、突然まわりの子に話しかけたりしてしまう子がいます。その結果、授業が中断されてしまったり、まわりの子どもが落ち着かなくなったりします。つられて席を立ったり、話し出したりする子どもが増えてしまうこともあり、授業に対するけじめや集中力がなくなります。授業中の約束に対する意識も薄れ、クラス全体の雰囲気が悪くなってしまいます。

　授業を落ち着いて受けられないのは、以下のような背景があると考えられます。
・動きたくて仕方ない。
・ほかのものに興味が向いてしまう。
・学習内容がわからない。
・思ったことをすぐにしてしまう。
・集中の持続が難しい。

　このような行動をしてしまう子どもたちは、みんなといっしょに学習したいのに、自分の行動をコントロールできずに困っています。

●視覚的な教材を用意するなどして、課題をわかりやすく示します

●見通しを持てるよう授業予定を提示し、いまどの段階なのかを示します

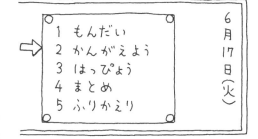

●授業中に席を立ってもいい場面を設定します

・係や課題を取りに行かせるなど役割を与える。

●座席を工夫します

・窓側・ろう下側は避けるなど、刺激の少ない場所にする。
・隣の子や前の子をお手本に行動できる場所にする。
・3人席のまん中にする。
・端の席が落ち着く子など、子どもの実態に応じて工夫する。

●調べる・話し合うなど体験的な活動を取り入れます

●授業中の約束をクラス全体で確認し、つねに教室に提示します

アドバイス

子どもの様子をよく観察してみると、いつも立ち歩いたり話しかけたりしているわけではありません。そのような行動が出ていないときを逃さずに、しっかりとほめてあげることが大切です。できていることを子どもに意識させることで、適切な行動を促し、自分の行動がコントロールできるという自信につながります。

また、休み時間に思い切り体を動かすことで、授業中の動きたい衝動を減らすことができます。休み時間の過ごし方は、その後の授業に大きく影響するものです。動きたい衝動の高い子どもたちには、休み時間にのびのびと体を動かすことができるよう配慮しましょう。

04 予定の変更に対応できず、とても不安になります

　楽しみにしていたプールの授業が、雨で中止になってしまいました。みんながっかりしながらもあきらめているなか大パニックになる子がいます。
　急な予定の変更にとても弱く、不安定になる子どもの背景には、つぎのようなことが考えられます。
・予定どおりに行ないたいという気持ちが強く、切り替えが難しい
・変更後の活動に見通しが立たず、不安になっている
・教師の変更の指示が理解できず、混乱している
　変化に弱く、見通しが持ちにくい子どもにとっては、予定の変更はとても不安で我慢ができないものです。しかし、学校ではどうしても急に予定を変更せざるを得ないばあいがあります。

●注意や説得では、混乱が増すばかりです

・わかりやすく伝える工夫が必要。

●子どもにわかるように説明します

・なぜ変更になったのか、何が変更になるのか、その後どうなるのかを説明する。
・言葉だけでわかりにくいばあいは、イラストや文章で説明する。
・気持ちを切り替えられるまで待つことも大事。

●予定の変更のルールを決めておきます

・変更に弱いという特性に配慮し、あらかじめ変更後どうなるかを示しておく。
・不用意、不必要な予定の変更は避ける。

●予定が変更になっても受け入れられる練習をします

・ふだんから予定は変更になることもあると予告しておく。
・気持ちを落ち着ける「魔法の言葉」を教える。「まあ、いいか！」「大丈夫！」「こんなこともある」
・うまく予定変更を受け入れられたときにほめる。

ポイント

予定の変更に対応できないことは、本人にとってもまわりにとっても辛いことですが、予定にこだわることは、決まりや時間を守ることができるというとてもいい側面もあります。予定を大事にする気持ちはとても大事だと認めた上で、変更にも対応できるようになれるよう支援します。

05 待つことが苦手で順番を守れません

　課題が終わって教師に採点してもらうときに、列に並べずに横から入ってしまう子がいます。できたことが嬉しくて、早く見てもらいたいという思いから列を考えずに横から入ってしまい、友だちに嫌な思いをさせてしまうことがあります。

　列があることはわかっていても、そこで待っていられないということもあります。並んでいるということ自体がわかりづらく、みんなが並んでいることに気がつかないで、列に横入りをしてしまうこともあります。なかには、「自分が一番じゃなきゃやだ」という子もいます。自分の順番が来るという見通しが持てずに待てないということもあります。

　「順番を待てない」子どもたちに接したときは、並んでいることはわかっていても、そこで待っていられないのか、並んでいるということ自体がわかりづらく、列に横入りをしてしまうのか、2つの視点で理解していくことが大事です。

●ただ叱責するだけでは何がいけないのかわかりません

●並ぶ人数を減らして、順番を見えやすくします

・待つ時間を減らす。

●並ぶ順番がわかりやすいように教室の床にテープを貼ります

●必ず自分の順番が来るということを日常的に体感させます

・しりとりや伝言ゲームなどで、順番は自分にも回ってくるということを感覚的に覚えていける支援をする。
・授業中も、その子に順番が必ず来るような指名の仕方を工夫する。

アドバイス

　学校では順番を待つ場面は数多くあります。学習場面では挙手の順番、体育での鉄棒やマットの順番、整列、図工や家庭科での作業の順番待ち、生活場面でもそうじや給食など数多くあるでしょう。朝会でも待てなくて困っていることがあるかもしれません。
　社会に出れば、電車の順番待ち、チケットの購入など列で並ぶことはたくさんあります。学童期に、順番を待つことを教えていくことが大切です。

06 何度も指名してほしいと騒ぎます

　授業中、発言を求められる場面で積極的に発言をするのはよいことですが、何度も発言がしたくて、1時間に10回も発言をする子がいます。先生が、ほかの子を指名しようと思っても、騒いだりすねたりすることがよくあります。

　発言のルールを守れない要因は、以下のようなことが考えられます。
・思ったことをすぐにいう(衝動性)。
・待つことができない(言動のコントロール)。
・まわりの様子が見えない(状況理解)。
・すぐにいわないと忘れる(記憶の問題)。
・集団場面での発言の仕方がわからない(ルールの未習得、理解力)。

　小学生になると、「イスに座る」「話を聞く」「字を書く」など授業中の基本的な学習態度を身につける必要があります。なかでも、「人の話を最後までだまって聞く」「手を挙げて指名されてから発言する」「適切な声の大きさで発表する」「指名されなくても怒らない」など「発言のルール」を理解させることが大切です。

●発言のルールを書いて、クラスに提示します

発言のルール
1. 先生の話は、だまって聞く。
2. 手を挙げて、指名されたら話す。
3. ていねいな言葉づかいをする。
4. 質問は質問タイムにする。授業中の私語はやめる。

●授業中の発言カードで発言回数を教えます

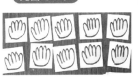

●絵カードで望ましい行動を示します

・その時間に合った望ましい行動を視覚的に示す。

●おしゃべり信号で発言のルールを教えます

青のときは質問してよい

・話してよい時間といけない時間を視覚的に示す。

●授業の流れ表で質問のタイミングを教えます

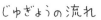

じゅぎょうの流れ
① あいさつ
② 先生のはなし
③ しつもんタイム
④ それぞれ活動

●声のものさしで声の大きさを教えます

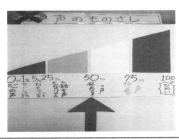

・数値や量で、場面ごとに使い分ける発言の声の大きさを教える。

●がんばりカードで暗黙のルールを目当てにします

・個別にがんばりカードを作成し、事前の約束をする。
・できたときはシールを貼ってほめる。

●3択クイズで話を聞くことを練習します

ねこ、さんま、チューリップ。このなかで動物はどれでしょうか？

・朝の会などで、話を聞く練習をする。
・学んだルールを守れていることを確認する。

ポイント

・授業1コマは45分で区切られていることが多く、「40人のクラスでみんなが1回1分間ずつ発言したら、先生の話は5分間だけ」とか「活動の時間はどうなる？」など、1人が何回も発言すると授業がうまく進まないことを、具体的に言葉で説明して教えます。
・「発言カード」を作成し、視覚的手がかりを与えながら、発言の回数をコントロールすることを意識させるようにしましょう。
・「発言のルール」を提示し、授業中にルールを守れている姿をほめることで、ルールの定着を図ります。

07 集中力が続かず、姿勢がくずれてしまいます

　授業中、次第に集中力が続かなくなり、姿勢がくずれてしまう子がいます。集中できないために姿勢がくずれてしまうばあいもあれば、その逆で姿勢がくずれてしまい、集中ができなくなるばあいもあります。授業に集中することやよい姿勢を保つことは、学習内容を身につけるための土台ともいえるでしょう。

　子どもの特性によってさまざまな原因が考えられます。
・身体の成長や発達による。
・体幹のコントロールがうまくできない。
・さまざまな刺激に敏感で衝動的な動きによって注意が向かず、結果的に姿勢がくずれる。
・授業時間内に何をするのか見通しが持てず、いま何をすべきか、つぎに何をするべきかわからず、集中力が続かない。
・学習内容が理解できず、意欲が続かない。
　原因や背景を考え、指導のきっかけ、ヒントにします。

● 注意や叱責だけでは、その理由がわからず戸惑います

（先生何いってんのかわかんない。あーつまんない）

Yさん また姿勢がくずれてますよ！

ちゃんと話を聞きなさい！

・叱責されたという記憶だけが積み重なり、教師との信頼関係も悪くなる。

● 授業内容の見通しを持てるようにします

この時間は1〜3までのことをやります

1. 考えタイム
2. まとめ
3. かくにんもんだい

● 具体的な声かけをします

Yさん、この計算の式を見ましょう

23
+ 19

ちゃんと目を黒板に向けることができたね。足の裏を床にピタンとくっつけて体やおへその向きも先生の方に向けてみてみよう

・いま何をするべきか、子どもがわかるようにする。
・話を聞く、書く、読む、話すなど集中力が持続できるようさまざまな活動を取り入れるようにする。

アドバイス

　集中力が続かず、姿勢がくずれてしまう子は、いま自分がどのような姿勢になっているか意識できないときがよくあります。本人の自覚や意識を育てていくために、集中して姿勢よく取り組んでいるときの写真やイラストをカードにしておきます。姿勢がくずれる前やくずれてしまったときにカードを見せながら「Aさんのこんなかっこよい（すてきな）姿を見たいな！」と声をかけると、はっとして気づくことがよくあります。できないことを指摘するより、子どもによくできている姿を思い起こさせ、前向きにさせ、自信が持てる指導を行ないましょう。

授業中のよくある「困った」

08 ボーッとして別の世界に入り込んでしまいます

　授業中、まわりの様子に関心がないのか、あるいは何をしたらよいのかがわからないのか、教師の方を向いてはいるが話が耳に入っていない様子だったり、まわりの友だちがつぎの作業に移っても気づかなかったりする子どもがいます。ほかの子どもの学習の妨げにはならずに着席しているので、つい見落としがちですが、ボーッとしていて学習が遅れてしまうことがあります。

　原因として、興味や関心を引くものが目につくところにあることが考えられます。興味や関心を引くものは、玩具や本、生き物などがありますが、子どもの実態に応じてさまざまでしょう。また、給食時間の校内放送で流れる音楽が、その子どもにとって刺激となるばあいもあります。特別な支援を必要としている子どもには、教室や校内環境の整備が必須です。子どもの困っている状態を捉え、適切な手立てを講じていきます。

アドバイス

　子どもが落ち着いて学習できる環境を整備するだけでなく、授業中、教師や友だちの話を聞くルールも作るとよいでしょう。相手の話を聞くときは、話し手の方を見るということを教えていきます。話が終わったら、はい／いいえで答えられるような簡単な言葉で話の内容を問い、理解できているかどうか、個別に確認しましょう。
　自分の世界に入り込んでしまう時間を短くしていくためには、注意が向くように話しはじめる前に声をかけ、その後もつねに注意を払っておくことが必要です。とくに注目してほしい場所があるばあいには、目印となるようなカードを使ったり、色を効果的に使った板書を心がけます。

09 教師に暴言を吐いたり、授業を妨害したりします

　授業中、教師に暴言を吐いたり、大声を出して授業を妨害する子がいます。暴言や授業妨害は、まわりの子どもたちの集中を妨げるだけではなく、授業を中断するため、学習進度の遅れにつながります。

　このような問題行動は、教師の気持ちを逆なでし、授業を頑張ろうとしている子どもたちの気持ちをそいでしまうため、すぐにでも対応し、なくしたいものです。ところが、暴言を吐く理由は、

・「問題や授業の意味がわからず、教えてほしい」
・「何でもいいから、関わってほしい」（叱責や注意も含まれます）
・「授業から解放されたい」

　など、子どもの状態によって異なっています。一律の対応を講じることが難しいため、それぞれの子どもに合った対応をしていきます。

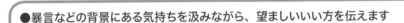

> **アドバイス**
>
> 　問題行動の理由を探るために、「応用行動分析」＊という方法があります。問題行動に対する「直前の状況（どのような場面で起きるか）」と、「直後の状況（教師やまわりの子どもたちの対応とその子を取り巻く環境の変化）」から対応を考えていく方法です。それらを整理していくと「注目してほしいから（注目）」「教えてほしいから（活動の要求）」「授業から解放されたい（逃避）」というような理由が見えてきます。注目してほしいばあいは、隣の子と意見を紹介し合う活動を取り入れ、本人への注目の機会を増やしていくという対応があります。問題行動の理由に応じて授業の流れを工夫します。
> ＊応用行動分析…人間の行動の分析と変容に関わる心理学の一領域。

10 課題を最後までやり遂げることができません

　集中力が続かず、出された課題を全部仕上げられない子がいます。ほかの子どもたちは静かに座って課題に取り組んでいるのに、立ち歩いてしまったり、途中で友だちにちょっかいを出して、ふざけ合ってしまったりします。まじめに取り組んでいる子どもたちも気が散ってしまい、集中できなくなってしまいます。
　つぎのような理由が考えられます。
・注意を長い時間持続できない。
・ちょっとした刺激で、注意がそれやすい。
・その課題に苦手意識があり、1人では取り組めない。
・その子どもにとって、課題の量が多すぎる。

●叱責をくり返していると、まわりの子たちにも「ダメな子」という固定観念を持たせてしまいます

●子どもの注意が続く時間を見極め、少し頑張ればできる時間を設定します

・ふだん集中が切れる時間が3分なら、3分になる前(集中が切れる前)に「頑張っているね」とほめるようにし、少しずつ集中できる時間を延ばしていく。

●課題量の調整をします

だれでも
100点計算プリント

2問コース……1問50点

5問コース……1問20点

10問コース……1問10点

・1人で取り組める課題量を確認し、集中してできる量に設定する。
・どこまでなら頑張れるか、子どもと話し合うのもよい。子どもができるレベルでよい。

ポイント

その子だけ特別扱いすると、ほかの子どもが「ずるい」といい出すことを心配されるかもしれません。クラス全体に「どのコースを選んでもいいけど、できる人は10問コースにチャレンジしてみよう」といった言葉かけをして、みんなそれぞれがチャレンジできる雰囲気を作っていきましょう。

11 指名すると、黙り込んで固まってしまいます

　黙り込んで固まってしまう理由には、質問の内容や答えがよくわからなくて発表できないだけではなく、つぎのようなことが考えられます。
・答えがわかっていても恥ずかしくて答えられない。
・答えがもし間違っていたらどうしようと不安。
・発表しようと思っているのになぜか体が緊張してしまう。
　指名されるのは、基本的には集団場面ですので、子どもにとってはかなりプレッシャーを感じる場面です。自分の気持ちや意見を人に伝えることが苦手な子どもは、表現の仕方がうまくわからず、固まってしまうことで表現しているのかもしれません。
　また、自尊心が育っていない子どものばあいは、失敗を指摘されたり、叱られたりすることの積み重ねによって、指名されること自体への拒否感を抱いていることも考えられます。

- ノートや付箋紙に答えを書いたり、それを班の代表が発表したりする答え方も認める。
- 「はい」「いいえ」または、うなずきや首を横に振るだけで答えられる質問にする。

ポイント

　口頭だけではない発表の方法を子どもが知り、その方法で成功体験を重ねることが大切です。黙り込むのではなく、別の表現の仕方があることを子どもにわかりやすく伝えていきましょう。子どもが書いた答えを拡大投影したり、コピーして学級に掲示したりして、子どもの自尊心を育てていきます。

　①気の合う子ども同士の小集団で発表し合う、②子どもの得意分野を発表する機会を作る、③間違っても大丈夫というクラスの雰囲気を作るなど、子どもが口頭でも答えやすい環境作りを心がけることも大切です。

12 作業を途中で切り上げることができません

　終了時間になっても、作業を途中で切り上げることができない子がいます。注意があちこちに飛んでしまう、なかなか活動に集中できないと思ったら、急に集中して取り組みはじめ、声をかけても気がつかないほど活動に没頭していることがあります。注意をコントロールすることが苦手なので、集中することが難しかったり、集中するととことん集中してしまったりして、周囲の声などが聞こえなくなっているのです。
　とくに「こだわりの強い子」は、終了時間がきていることに気がついても、「ここまでやりたい」という気持ちが強いので、活動を止められないばあいがあります。また、どこまでやればいいのかイメージできないため、声をかけられても不安でしかたがなく、活動を止められないばあいもあります。
　いずれのばあいも、本人自身が、自分の行動をコントロールできずに苦しんでいるのです。

●やめるよう促すだけでは効果はありません

●気のすむまでやらせていては、行動の修正ができなくなります

●学級全体に活動終了の時刻を視覚的にわかりやすく提示します

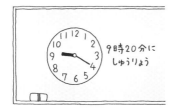

・係や課題を取りに行かせるなど役割を与える。

●終了時刻を口頭で伝えたり、タイマーで教えます

・集中しすぎて気がつかない子は、そばに行って、あと何分で終わるかを伝える。
・タイムタイマーなどで、残り時間を示す。

●活動の手順表などを活用し、具体的な行動を提示します

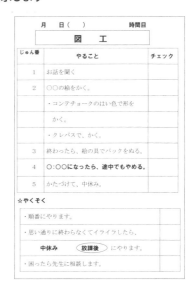

・こだわりの強い子のばあいは、活動開始前にもし終わらなかったときはどうするかを相談して、その手順について合意をしておくことが大切（続きは放課後、休み時間などにやるなど）。
・合意したことも、手順表などに書いておく。

ポイント

・活動をやめられない理由はさまざまですが、注意や集中をコントロールすることが苦手ということは共通しています。それを理解し、支援することが大切です。その子に対してだけではなく、クラス全体に終了時刻を明確に視覚的に示し、気持ちを切り替えやすい環境を整えていくことが大切です。
・作業を切り上げることができたときは、しっかり評価し、賞賛しましょう。自分自身をコントロールする力が、今後の学習や、将来仕事に就いたときに、役に立つことも併せて伝えていきます。

13 自分のやり方に固執して、指示に従うことができません

　自分が一度決めたことに固執し、そのやり方以外は受け入れられないという子がいます。その状態が「こだわり」と呼ばれることもあります。
　自分のやり方に固執してしまう背景には、つぎのようなことが考えられます。
・ほかのやり方を知らない、またはわからない。
・自分が決めたやり方でないと見通しが立たず不安になる。
・ときとばあいによって使い方を変えなければならないことがわからない。
・状況の捉え方が単一的で、どの場面でもこうするべきと思い込んでいる。
　どの場面でも同じように自分のやり方に固執すると、かえって的外れな行動になってしまうことがあります。その結果、本人以外には理解しがたい「こだわり」になってしまい、「融通が利かない」「偏屈」「四角四面」「杓子定規」「応用がきかない」「臨機応変にできない」などといわれてしまうこともあります。

●注意するだけでは、ほかにどういう方法を取っていいのかわからず混乱します

●ほかの方法もあることを教えます

・こういう方法を取ったばあいはこうなると、見通しを持たせ説明する。
・子どもの理解度に合わせてイラストや文章などで説明するとよい。

●うまくいったときには必ずほめます

・いつもと違う方法でもうまくいったときにはすかさずほめて、ほかの方法への興味関心を広げていく。
・もしうまくいかなくても、取り組んだ「勇気」をほめてあげる。

ポイント

物事にこだわるのは、悪いことばかりではありません。物事を安定して行なうことができたり、決められたことを律儀に守ったりという、素晴らしい側面もあります。すべてのこだわりを認めないのではなく、許容できる範囲を決めておき、よいところは認めて伸ばしてあげましょう。

14 意見が食い違うと、固まってしまいます

　友だちと自分の意見が食い違ったりすると、混乱して、固まり動かなくなってしまう子がいます。教師が説明しても、余計に表情が硬くなり、無理強いすると泣いてしまい、授業が中断してしまいます。まわりの子どもたちも「また、はじまったよ」とあきれ顔です。

　自分の思っていたことと違うと、それを簡単に受け入れることができません。まわりの人たちにとっては「こんなことぐらいで」と思うことでも本人にとってはとても大きなことで、なかなか理解されません。

　本人は、動かないことで「私はこうしたかったのに！！」と自分の思いを主張していることもあります。こんなことがひんぱんにあると、授業の流れが止まったり、周囲を待たせたりすることになり、まわりからの目も余計に厳しくなっていきます。

● 無理に発言させても、教師との信頼が失われるだけです

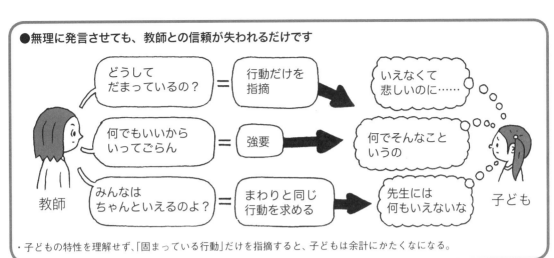

・子どもの特性を理解せず、「固まっている行動」だけを指摘すると、子どもは余計にかたくなになる。

● 子どもの思いを受け止めつつ考え方のキャパシティを広げていきます

①固まってしまった思いをしっかりと受け止める。
→信頼関係UP

②状況を客観的に整理する。
→ポイントは視覚化。文章で端的に箇条書きにする。絵に描いてイメージしやすくする。

④教師とロールプレイしてアイデアを試してみたり、仲のよい友だちやグループで試してみる。
→③で行なったアイデアカードをふり返り、うまくいったらほめて、難しかったところをできそうな課題に臨機応変に変えていく。

③子どもの思いを受け止めつつ、考え方のバリエーションをいっしょに考える。
→無理に考え方を変えるのではなく、いいアイデアが浮かんだら試してみる。「レッツトライ」の感覚で！！

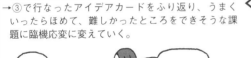

・困っている友だちを責めない、理解できるまで待つことができるクラス作りを心がける。

ポイント

　自分の思いを、固まることでしか表現できなかったのかもしれません。自分の思いを表現する多様なスキルを教えていくことが大切です。
　たとえば、「ま、いいか！！」「つぎは先生と練習したようにいってみよう」といった自分の思いをコントロールするキーワードを見つけさせます。気持ちを言葉に変え、行動を促すことができます。どうしても気持ちがコントロールできないときには、「○○だから少ししたら行きます」と、少し「間」を取るなど、状況に応じたいろいろな行動を身につけさせます。できたときには、しっかりとほめ、つぎのステップにつなげましょう。
　また、教師自身が困っていることとして相談してみましょう。自分のことだと考えつかない子どもも、自分が教える立場からだとあれこれいえるばあいがあります。立場を変えることで他者視点も身につきます。

15 一方的に自分の話したいことだけ話し、相手の話を聞けません

　場や相手に応じた話ができずに、いつまでも話が止まらない子がいます。だれかが聞いていようが、聞いていまいが気になりません。話しているうちに、つぎつぎと話したいことが浮かび、終わりがありません。

　また、わからないことやはじめて経験することの前に不安感を抱き、一方的に大きな声で話し続ける子もいます。質問や助言の求め方を知らず、不安な気持ちをうまく言葉にできません。物に八つ当たりをすることもあり、自分なりに不安を訴えていたとしても周囲からは理解されなくなっていきます。

　一方的に見えるようでもよく聞いてみると、間接的に授業内容に沿った発言をしていることもあります。これに応えてあげないと、「ぼくの話をいつも聞いてくれない！」という満たされない思いが膨らむばかりです。子どもの思いを受け止め、何を訴えたいのか理解します。

● 子どもの話したい気持ちに応えて、安心感を与えます

- 個別に話す機会を保障する。
- 話を聞く時間と場所を具体的に伝えておくと子どもが安心できる。

- 目線を合わせるなど、子どもと向き合って話を聞き安心感を与える。
- 自分の思いを受け止めてもらえた実感は、自己肯定感と相手の話を聞く気持ちを育む。

● 子どもの発言を具体的にほめます

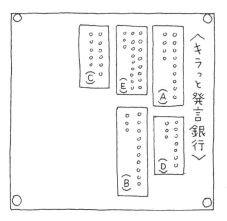

- 「キラッと発言銀行」を設置し、子どものキラッと光る言葉を付せんやカードなどに書き、貯めていく。
- キラッと発言を借りるときは、発言した子どもに「いい発言だから貸してね！」と一言添えるようにする。

● 子どもの話したい気持ちを活用します

- 子どもの話したいという欲求を、うまく学習に促していくための声かけの工夫をする。

アドバイス

　大切なのは、クラス全体に「話したい気持ちがあることはよいこと」と日頃から伝えることです。クラスみんなが安心した気持ちで話せる雰囲気を作りましょう。

　いつも「話せる・伝えられる」保証があることで、落ち着く子どももいます。たとえば、ICレコーダーにいいたいことをいつでも吹き込めるようにし、いいたい欲求を満たしてあげます。

　教室に「ツイート広場」を作るのもよいでしょう。模造紙に大きなスマートフォンを描き、自分のはまっていること、困っていることなどを付せんに書いて（つぶやいて）貼りつけられるようにします。そのつぶやきに対する返事も付せんに書き、重ねて貼りつけていくようにします。子どもたちの些細なつぶやきに、よりよい学級経営と授業の改善につながるヒントが隠れているかもしれません。その際「人の悪口はいわない！　書かない！」の約束は押さえておきます。

16 思ったままを、場に合わない大きな声で発言してしまいます

　状況に合わせて話す内容や声のボリュームを調整できない子がいます。年齢が上がるにつれて、まわりの目が気になってくるものですが、まわりがどう感じているか想像することができないようです。以下のような特性が考えられます。
①衝動性の高い子は行動のコントロールが苦手で、自分で行動を調整することができません。聞こえてきた教師の言葉につい反応して、思ったことをそのままいってしまいます。
②まわりの状況が読めなかったり、自分の発言によってまわりの人がどう思うか想像するのが苦手なばあいがあります。雰囲気に合わない声の大きさで話をしてしまいます。
　相手が驚いたり、不快に思っていることに気づかず話し続けてしまうと、ほかの子どもたちも困ってしまいます。

● 注意するだけではその内容が理解できていないことがあります

・「しっかり」「ちゃんと」という指示だと抽象的すぎて、具体的にどうしてよいのかわかりにくい。

● 目に見えない声のボリュームを数字に表して伝えます

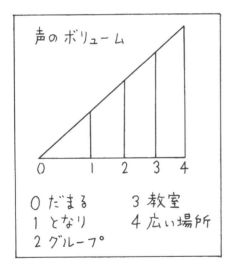

・0の「だまる」をまず5秒間体感することが大事。

● 聞くときのルール、話すときのルールを示します

聞くルール・話すルール

聞くとき　手はひざに
　　　　　目は話す人に
　　　　　口はとじる
　　　　　耳は聞く

話すとき　手をあげて
　　　　　はっきり、ゆっくり
　　　　　声は3

・クラスの合い言葉になるような簡単な言葉で。
・子どもたちが自ら気づけるようにする。

アドバイス

　自分の発言をまわりの人が聞いたときにどう思っているか、教える必要があります。ほかの子があたり前にわかっているはずのことが、わからないこともあるからです。
　まわりの状況が読めなかったら、「校長先生がお話をしているときは、口を閉じていること」というルールを教えることが必要です。相手が静かに話を聞いてくれると、「気持ちがよい、嬉しいから」など、その理由をつけて伝えます。
　もし、好ましい行動ができたら、「○○がよかったね」とその行動のよい点を伝えてほめます。できないときに注意することよりも、できたときに認めることを増やしていきましょう。

17 言葉の意味を取り違え、よく勘違いします

　指示を聞いても言葉の意味を取り違え、勘違いするために指示どおりにできず、失敗が多くなってしまう子がいます。

　このような子は、話の流れ（文脈）から意味を推測することが苦手です。同音異義語を勘違いしてしまうことも考えられます。また、言葉は用いられる状況によって意味が変わってくることがありますが、言葉の裏にある話し手の意図が伝わらず、失敗してしまうことも多くあります。

　また、似たような言葉を聞き間違えたり、聞いた言葉を記憶することが苦手で、複雑な指示だと最初にいわれたことを忘れてしまうことがあります。

　さらに、言葉の意味を正しく理解できていないことも考えられます。わかっているはずの言葉の本来の意味を知らず、まわりが使っているのでただ使っていることもあります。

●明確な指示を出さないと勘違いをします

●伝えたいことがわかる、明確な指示をします

・「だれが」「いつ」「どこで」「なにを」「どこまで」「どうする」のうち、大事なことをはっきり伝える。
・状況を見ればわかるだろうと決めつけないで、言葉の裏にある意図を伝える。

●指示を視覚化します

・勘違いを防ぐために、描いて見せたりモデルを見せる。

アドバイス

　勘違いして失敗ばかりしていると、自己肯定感の低下につながります。間違ってしまうことを叱るだけでなく、どう受け止めたのか確認し、勘違いしている内容を「こんなやり方もあるよ」と修正して成功に結びつけるようにしていきましょう。また、よくわからないときには「それはどういうこと？」と子ども自身に質問する力を身につけさせることも大事です。

　言葉の意味が正しく伝わるように日頃から言語環境を整えることも大切です。言葉を簡略化しすぎると本来の意味が伝わらず誤解を招くことがあるので注意します。実物を見せたり、実際の動きと合わせて言葉を使ったりして語彙を増やしていきましょう。

18 まわりのことが気になって自分のことがおろそかになります

　まわりのことが気になってしまう子は、以下のようなことに困っていると考えられます。
・授業中、どこに注目したらいいのかわからない。
・自分が、何をやったらいいのかわからない。
・内容が難しくてついていけない。
・逆に、早く課題を終わらせて時間を持て余し、まわりの子どもたちが気になってしまう。
・音や動きなどさまざまなものに気を取られている。
　そして、まわりのことが気になりすぎて、自分のやるべきことがおろそかになり、友だちに迷惑をかけたり、授業を中断させたりしてまわりを困らせてしまいます。

● 黒板にやることを明示します（視覚化）

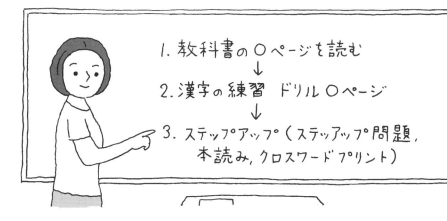

・何をするのかゴールをはっきりと黒板に明示する。
・課題が終わったことを友だちや教師といっしょに確認できるようにする。
・できたら必ずほめる。
・シールなどをあげて意欲づけをしていくのもよい。
・終わってしまった子のために、ステップアップ課題を用意しておくとよい。

● 授業の内容を明確にします（構造化）

・「○○タイム」という札を作っておき、黒板に貼っておくと、いま、何をしなければならないのかがはっきりする。

● 座席の位置を工夫します

①その子が落ち着いて活動できる場面をよく観察して座席を工夫する。
②1番前や教卓近くの座席など、まわりの音や人が気にならないところにする。
③子どもによっては1番前の座席より、2番目や3番目のほうがうまくいくばあいがある（いま何をするのかモデルになる子が前にいるため）。

ポイント

・自分のしなければならないことをしっかりと実行していくためには、はじめは短い時間で終わるような課題を行ない、じょじょにレベルをあげていきます。
・必ずできたことの確認を自分でし、周囲の人にも見てもらうことが大事です。
・スモールステップで少しずつゴールを伸ばしていき、課題にしっかりと取り組む力をつけていきましょう。

19 学習に関係ない物をいつも触っています

　授業がはじまっているのに、休み時間に遊んだサイコロをずっと触っている子がいます。鉛筆を使うときになると、サイコロを机の上に置いて書きはじめますが、書き終わるとまた触りはじめます。学習に関係のない物を触っているばあい、子どもの特性という面と、学習への意欲・学習内容の理解という面から原因を考えていく必要があります。

　不安感情が強い子は特定の物を触り、感触を味わうことで気持ちが安定することがあります。たとえば、サイコロの角、大きさ、形が安心させる刺激を与え、落ち着いて学習ができ、集中力が高まります。一見集中しているようには見えませんが、意識は学習に向かっています。

　一方、学習内容に興味を持てないために集中できず、物を触っているばあいも考えられます。学習が簡単すぎたり、難しかったりして、やる気がなくなってしまうのです。

　自分の課題が終わってしまい、暇を持て余して物を触るというケースもあります。

●サイコロを取り上げると気持ちが不安定になり、学習への集中が困難になります

●感覚の刺激を保障しながら少しずつ触る物を変え、適切な行動を意識させます

●授業中、教材提示や教育機器の操作などの役割を与え、集中力・意欲を高めます

・音楽のCD操作も、授業に動きを組み込む効果的な方法。

アドバイス

　学習に関係ない物を触っている子に対しては、子どもの思いを理解した上で、少しずつ集団学習のルールに適応させていきます。触らずに学習できているときには、「触らなくても集中できているね」と認めることで、ルールに合わせた行動ができていることを自覚させます。
　授業に活動を組み入れたり、役割を与えたりするなど、授業の構成を工夫し、特定の物を触ってしまう機会を減らすのもよいでしょう。クラス全員の前で活躍する場を設定し、認め励ますことで学習意欲がさらに高まります。

20 苦手だと思う活動には、はじめから取り組もうとしません

　苦手な活動に、なかなか取り組めない子がいます。まわりの子からは「ズルい」「自分勝手」と思われてしまいがちですが、本人は「どう取り組んだらいいのかわからない」ため、不安や緊張を感じ、困っている状況にあります。無理強いするのではなく、安心して取り組むための「きっかけ」を作る支援をしていきましょう。

　支援のポイントをあげます。
・「取り組まない子」ではなく「取り組めない子」と捉え、支援する。
・「苦手なことはだれにでもある」という、あたたかいクラスの雰囲気を作る。
・参加や取り組みを無理強いするのではなく、「やってみようかな」という気持ちが持てるように支援する。
・見学していても参加している、できなかったら手伝ってもらってもいい、など本人を追い詰めない支援をする。

● 困ったときは、まず教師に相談する約束をします

・なかなかいえない子にはヘルプカードを活用する。

● 苦手意識が高い活動は、内容や量を調整します

● 活動イメージが持てるように手本や完成物を提示します

● 取り組む手順を視覚的に示します

今日やること
① きょうかしょをよむ
② だんらくにしるし
③ せんせいがよむのをきく
④ ノートにかく
⑤ はっぴょうする

● はじめての活動は、見学もOKというルールを教えます

見学のルール
① すわってみる
② だまってみる
③ ちがうことをしない
④ せんせいのおてつだいをする
⑤ さいごまでしっかり

・同時に「見学のルール」も教える。

● 苦手な活動のときは、どう取り組むか表で考えさせます

・参加する、参加しないという0か100かにならないようにする。
・援助を得ながらの参加も、○であるということを教える。

● めあてカードを作り、頑張りを認めます

○○くんの 目あてカード
にがてなこともがんばる

● 苦手な活動のなかに、子どもが好きなことや得意なことを取り入れます

ポイント

失敗に弱い、わからないといえない、学習意欲や集中が続かないなど、つまずきの要因はさまざまです。子どもの様子からその要因を探り、支援のきっかけを作りましょう。

授業中のよくある「困った」

21 教室から飛び出したり、家に帰ろうとしたりします

　授業中に自分の意見が通らなかったり、少しでも失敗したりすると、「つまんない」といって教室を出てしまう子がいます。教師1人で対応している通常の学級では、教室外に出た子の対応をするのは大変難しく、教室に残っている子どもの対応が十分にできなくなってしまいます。

　子どもによっては、自分の意見が周囲に受け入れられない理由が理解できなかったり、意見が通らないことを「仲間はずれ」「いじわるをされた」と間違って解釈をしてしまうばあいがあります。自分のいったことを「そうじゃなくて」「○○君の意見は違うと思う」など否定的な評価をされると、過剰に嫌悪感を持ってしまう子もいます。失敗することに極度に恐怖感を持つ子は、自分が否定されたと思い込み、不安でたまらなくなり、その場を飛び出してしまいます。

　この子たちは、毎回飛び出したことを厳しく指導され、失敗経験を積み重ねているかもしれません。

●学習の予定を事前に知らせます

・グループ活動があることを事前に知らせる。

●話し合いの方法について学習します

〈話し合いの進め方〉
①話す順番を決める。
②全員が意見を出したら理由を話してもらう。
③もう一度順番に意見をいう。

●クールダウンのやり方・場所を決めます

・休むときの約束（①先生に「休んできます」という②落ち着いたら必ず戻ってくる）を決めておく。
・気持ちを落ち着けて授業に戻ってくるために、クールダウンの場所を確保する。

●怒らないで我慢できたときはほめます

●気持ちの変化についての学習をします

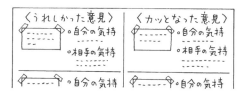

①グループで話し合いをし、どんな意見が出ると嬉しいか、またはカッとなってしまうのかを付せんに書く。その付せんを同じような種類ごとにグループに分け、大きな紙に貼る。
②いわれたときの気持ちを聞き取り、付せんでできたグループのそばに書き込んでいく。すべて書き終わったあと、自分がどんな気持ちになっていたかを確認する。
③今度は、いった相手がどのような気持ちでいったのか、書き加えていく。
④相手の気持ちが理解できたら、これまでカッとなってしまっていた意見をいわれたときの対応方法（「どうしてそう思うの？」と質問する、どうしても我慢できなくなったら「ちょっと頭冷やしてくる」といってから退室して戻ってくるなど）について学習する。
※本人が落ち着いているときに学習を行なう。

●どのくらいの時間で気持ちが落ち着くのか確認します

・時計を見せながら学習させる。

●教室から出た回数の変化を定期的に評価します

・少しずつ我慢ができるようになっている自分を認識させる。

> ポイント

・自分の意見が通らなかったり、思いどおりにならなかったりしたときに、感情を爆発させてしまうので、そのときに指導をせず、落ち着いているときに対処法をいっしょに考えるようにします。
・クールダウンする場所へ移動したり、教室に戻ったりといった判断は、最初は自分でできないので、「少し休んでもいいよ」「そろそろ戻ろうか」など大人が促すことが必要です。
・我慢ができているかどうかの評価は、1人では難しいので、教師がいっしょに確認し、本人の自信につなげます。

22 頑張りすぎて、すぐに疲れてしまいます

　教室では、つぎつぎと時間に合わせてこなさなければならない活動がたくさんあります。そのなかで上手にエネルギー配分をすることが苦手な子どももいます。何かに一生懸命頑張りすぎてしまうために、つぎの活動に参加できなかったり、おろそかになってしまったりします。

　そのような場面では、自分が疲れている様子を周囲の子どもや教師に対してアピールしているように見えるかもしれません。周囲の子どもたちや教師には好きな活動だけに取り組んで、好きではない活動には取り組んでいない子どもに見えるかもしれません。

　活動に取り組んだり取り組まなかったりする行動は、周囲の子どもたちから見ても不愉快ですし、その行動を起こしている本人にとっても、周囲からの評価が下がりマイナスになってしまいます。また、クラス全体の雰囲気を乱したり、親和性が下がったりする要因にもなりかねません。その子どももどうしたらよいかわからず困っているのです。

● 何度も注意をすると、まわりの子からの評価も下がってしまいます

・教師が立っている位置から注意をしても、本人には届いていないことがある。

● 全体に向けて指導するのではなく、個別に声をかけます

・「いまは、背中を伸ばそうね」「顔を上げるといいね」など具体的なセリフ。

● 活動を制限したり、ここまでやればよいというゴールが見えるよう指示をします

・本人にだけわかるよう声かけをする。

● 頑張りすぎていることに気づいたら、エネルギー配分を促すよう声をかけます

つぎの時間のために、いまはそのくらいにしておこうね

・自分でコントロールできないばあいは手伝いをお願いするなどして教師が活動量を調整する。

ポイント

　集中やエネルギーの配分が苦手な子どもは、背景には、過度に集中しすぎたり、先の見通しが持てなかったり、切り替えが苦手だったりすることが考えられます。
　1日や1時間のなかでも活動に波が現れることがよくあります。教師から見て頑張りすぎているとわかるときには、個別に声をかけて活動を減らすように助言したり支援したりすることが必要です（漢字練習や計算問題の量を減らしたり、過度に走り回ったりしているばあいは、声をかけたり、話しかけたりしてさりげなく休憩させるなど）。
　また、疲れたことをアピールする言動をしたばあいは、それが周囲の子どもたちにどのように見えているのかを知らせ、どのような言動をするのがよいのか、お手本などを示してあげましょう。

23 困ったことがあっても助けを求められません

　自分が困ったときに、何もいえず、何もできず、泣いたりしてしまう子どもがいます。教師が「困ったことがあったら先生にいいに来なさい」と伝えているにもかかわらず、自分からいいに来ることはありません。いつもしびれを切らせて、隣の友だちが先生にいってあげたり、できないことを手伝ったりしています。まわりの子どもたちのなかには「自分でちゃんといいなよ！」と強くいう子もいます。

　これまでは困ったときにだれかが手伝ってくれていたので、「何もいわなくてもだれかが手伝ってくれるもの」と誤って学んでしまったのかもしれません。困ったときには「黙って待つ」「泣く」などの行動で自分の思いを伝えてきたのかもしれません。

● 「手伝ってください」と無理にいわせようとしても、自分から困ったことを伝えられる子どもに育ちません

❶ どんな方法だといえるか子どもと相談します

❷ 困っていること／してほしいことカードを作成します

・いい方を紙に書いて視覚化する。

❸ 困っていることを書いた紙を教師に渡します

❹ 自分からいえたときにはしっかりと大げさにほめます

・自分から困ってることがいえるようになったら、今度は困っている友だちを助けてあげる経験をさせる。

アドバイス

　子どもがまだ、援助を求めるスキルを身につけていないときに、いくら「助けてくださいといいなさい」といっても難しいでしょう。子どもも余計にかたくなになり、関係も悪くなってしまいます。しっかりといい方を練習し、「困っていることを伝えれば助けてもらえる」という経験を積むことが大切です。クラス全体で、みんなが助け合える環境作りをしていくことも大切です。だれかが助けてくれたときには、必ず「ありがとう」とお礼をいえるよう指導します。

24 何に対しても不安が強く、心配ばかりしています

　まわりの人たちがまったく想像できないことに、不安を感じてしまっている子どもがいます。あることで周囲に笑われてしまったことが失敗経験となり、「また、失敗するんじゃないか？」と不安が先立ってしまうことがあります。

　その要因として、見通しが持てなかったり、これまでの失敗体験がフラッシュバックしてしまうなどが考えられ、対人関係への不安につながります。ちょっとした失敗にも敏感に反応してしまいます。

　また、言語面での遅れや発音の不明瞭さが原因のばあいがあります。「うまくいえなかった」という失敗経験が二次的な障害を生み、学校生活全般に不安を抱えるようになり、何事に対しても自信を持つことができず過ごしていることがあります。

　まわりの子どもや教師からは「こんなこと平気だよ」と励ましの声をかけられますが、優しい声をかけられてもできない自分を責めてしまい、不安は解消されずいろいろな活動を避けて通るようになっていきます。

● 励まして活動を促すだけでは不安は解消されません

・みんなと同じようにすることが目的となりがちで、その子どもの不安への気持ちは置き去りに。

● その子どもの抱える不安を理解します

この子は
①どの場面が不安?
　——音読、朝の会、友だちとの会話…?
②だれといっしょなら安心?
　——先生、K子ちゃん、自分1人…?
③どんな方法なら安心?
　——文字で表現する・手をあげる、友だちといっしょにいう…?

・子どもがいったい何で不安になっているのか、本人と話したり、保護者から聞いて理解する。
・子どもの具体的な不安を知り、寄り添うことで、安心できる関係を築く。
・子どもとの話し合いは、紙に書いて残す。後でふり返ったり、本人が不安に思っていることを客観的に知ることができる。
・不安が強いときは、無理に乗り越えさせるのではなく、まずはそのことを話してくれたことをしっかりとほめる。

● 不安な場面に優先順位をつけて、乗り越えていける経験を積ませます

・不安の増減を数値化し、じょじょに不安の軽減を図る。
・子どもが不安に向かって取り組んでいることを受け止めることができる、クラスの雰囲気を作る。

● 言語面のサポートは専門家と連携します

教育委員会　教師　療育センター　通級指導教室

・言語面での遅れがあるばあいは、保護者の了解の元、関係機関(市町村の教育委員会、療育センター、通級指導教室など)と連携をはかって支援する。
・実態を客観的に評価し、特性に応じた支援を行なう。

アドバイス

　不安を解消することだけを目標にするのではなく、「不安はあるけどがんばって発表してみよう」「不安はあるけど、あきらめずにまずやってみよう」という思いを子どもの中に育てていく視点が大切です。そのために教師はよき理解者となり、「この先生ならいっしょに不安と戦ってくれるかも」という信頼関係を作っていきましょう。

授業中のよくある「困った」

25 自分に自信がなく、「どうせ私なんて……」とよく口にします

　「どうせぼくなんて何をやってもダメなんだ……」「もうむりだよ……」といっていつも消極的で、何ごともあきらめてしまう子どもがいます。自信が持てるようにと係活動など活躍できる場面を設定したり、授業中に指名したりしますがなかなかうまくいきません。先生に何度声をかけられても、友だちに「いっしょにやろう」と誘ってもらっても、うまくいきません。みんな、だんだん声をかけることにうんざりとしてしまっています。友だちと遊ぶことも少なくなり、1人で過ごすことが増えてきています。とうとう「学校に行きたくない」といって朝起きるのが難しくなってきたと、保護者から相談されました。
　原因として、学業の不振や対人関係の不安から自信を失い、クラスで安心してすごせていないことが考えられます。こうした自信が失われた状態が続くと、意欲が低下し不登校につながることも考えられます。

●抽象的な声がけでは、子どもはどうしたらいいのかわかりません

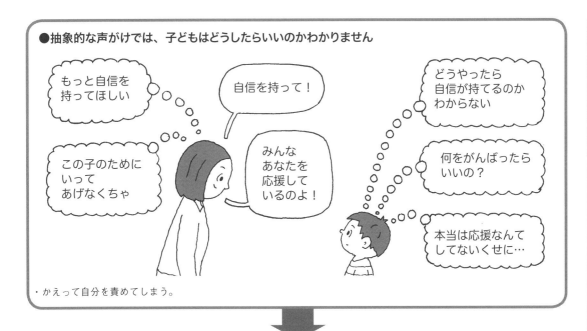

・かえって自分を責めてしまう。

●子どもが自信を持てなかった具体的な場面を共有し、感情を視覚化（数値化）させます

・そのときにどんな気持ちだったか理解する。

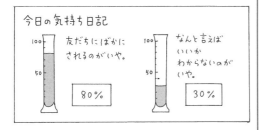

・子どもは自分の思いを書くことで、感情と言葉が結びつき客観的にふり返ることができる。

●子どもの思いから支援の方法を考えます

〈友だちにばかにされることを不安に思っているばあい〉
①「どのような場面で」「だれに」「どんな風にいわれるの」がいやなのかを客観的に探る。
②具体的な方法を複数提案し、どんな方法ならできるか子どもといっしょに考えて、練習する。
→1、先生に相談する　2、自分で「やめて」という　3、その場から離れる
③先生は「あなたの味方だよ」としっかり伝える。

アドバイス

　得意なことや好きな活動を通して、子ども自身が「できた！」と実感できる体験を増やし、その子どものよさを周囲の友だちから認められるような状況を作ることが大切です。子ども自身が学級のなかに安心した居場所ができたり、自分なりの考え方のレパートリーを広げていったりすることで、少しずつ自分を理解していきながら自信を回復していくことができるはずです。

26 言葉づかいがとても乱暴です

　友だちや教師に対して、乱暴な言葉づかいをしてしまう子がいます。乱暴な言葉は、まわりの子どもたちが真似をしたり、それをとがめる子どもが出てきたりすることで、クラス全体の雰囲気が悪くなってしまいます。

　乱暴な言葉づかいをしてしまう背景は、子どもによってさまざまです。

　衝動性が高い子のばあい、いってはいけない言葉とはわかっているけど、ついいってしまう、ということがあります。まわりの状況が読めなかったり、その言葉を人がどう受け取るのかわからなかったりする子のばあい、場にそぐわない言葉や不適切な言葉をいってしまうことがあります。また、口から出てくる言葉が、「うざい、だるい、きもい、めんどくさい……」ばかりという子もいます。語彙が少なく、自分の気持ちをうまく表現できないのかもしれません。または、自分に自信がないために、やらなければいけないことに対しての自己防衛としていってしまっているのかもしれません。

●注意するだけでは、自己肯定感の低下をまねきます

●よいいい方を考えさせたり、教えたりします

●クラスで「あたたかい言葉づかい」の取り組みを行ないます

①友だちにいわれたら嫌な言葉（例：ちくちく言葉）と、友だちにいわれたら嬉しい言葉（例：ふわふわ言葉）をみんなで出し合う。
②友だちに「ふわふわ言葉」をいわれたら、それを書き留めて貼っていく。
③みんなであたたかい言葉づかいについてふり返る。

ポイント

　言葉づかいが乱暴な子を個別に指導するだけではなく、クラス全体で望ましいいい方の取り組みを行なうことが有効です。
　その際、いわれて嫌だった「ちくちく言葉」に注目するのではなく、いわれて嬉しかった「ふわふわ言葉」を集めるのがポイントです。

27 思ったことをそのままいうため、しょっちゅうトラブルになります

　悪気なく思ったことを口にして、友だちを怒らせてしまいトラブルになる子がいます。その都度注意しても、同じ言動をくり返してしまいます。本人の評価が低下してしまうだけでなく、本人自身が友だちとどうしてうまくいかないのかと悩んでしまうこともあります。

　主に以下のような要因が考えられます。
・衝動的にいってしまう（衝動性、言動のコントロールの問題）。
・率直な表現しかできない（言語表現力の不足）。
・思ったことをそのままいってしまう（内言化できない）。
・他者の気持ちがわからない（他者の心情の読み取りが苦手）。
・適切な関わり方を知らない（適切な距離感や立場の違いなど暗黙のルールが未習得）。

　その子が抱いた気持ちをただ我慢させるのではなく、子どもの気持ちを受け止めて気持ちと言葉を区別して使い分けられるように支援します。

●あったか言葉チクチク言葉を教えます

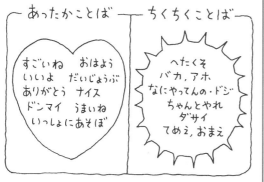

●注意は必ず先生が行ないます

・子ども同士では注意しないルールにする。

●嫌なことや困ったことがあったときは、必ず先生に伝えます

・いい返さない、やり返さない、ルールにする。

●「思ったこと」と「言葉にするとき」を区別する方法を教えます

●いってはいけない暗黙のルールを教えます

●文句ではなくお願いのいい方を教えます

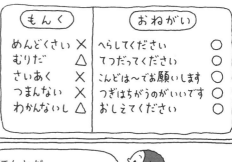

ポイント

・自分の「気持ちを言葉にすること」は大切です。気持ちは、言葉にして他者に受けとめられることで育ちます。
・思ったことをそのまま伝えるのではなく、他者へ発する言葉は「使い分ける」必要があることを教えます。

28 「ありがとう」や「ごめんなさい」がいえません

　感謝や謝意を伝えることは、人間関係をよりよくしていく上で欠かせません。悪気はないけれど「ごめんなさい」がいえず、トラブルになったり、「ありがとう」がいえず、次第にまわりとうまくいかなくなったりしてしまうことがあります。
　以下のような原因が考えられます。
・注意の範囲が狭く、状況の認識が弱い。
・立場の違う人の視点に立って考えられない。
・人との会話のリズムやタイミングがうまくとれない。
・感謝や謝意を伝えることが自分の存在価値を下げてしまうという誤った信念がある。
・感謝されたり、謝られたりした経験が少なく、その大切さが理解できていない。
　はじめは大人との関わりで、感謝や謝意を伝える大切さを学んでいきます。

- ●「ありがとう」や「ごめんなさい」を伝えるタイミングであることを理解させます

- ●教師が「ありがとう」や「ごめんなさい」がいえる場面を作ります

- ●「ありがとうカード、ごめんなさいカード」を活用します

・言葉で「ありがとう」や「ごめんなさい」がいえないときはカードを活用する。

- ●家族やクラスの友だちから「ありがとう」をいってもらえるしくみを作ります

・友だちへの親切が際だった子どもを、帰りの会で「今日のピカピカ賞」として表彰する。

- ●ペアで話す機会を作って、会話のキャッチボールを体験させます

- ●相手を思いやる言葉の大切さをクラスで学びます

・思いやりの言葉がいえたら、リンゴ型のカードに書き記し「思いやりの木」に貼り、いえたことを目で見えるように掲示する。

ポイント

・「ごめんなさい」を適切なタイミングで伝えるのはとても難しいことです。「ありがとう」「ごめんなさい」という言葉を受けとめ、許すことから指導をします。
・本人の気持ちが混乱しているときに、正しい行動をさせようと指導をあせると事態が悪化するだけでなく、「ありがとう」や「ごめんなさい」という言葉への嫌悪感が募ります。その子の気持ちを受け止め、気持ちが落ち着いてから、目で見て理解することができる方法で状況を把握させます。
・その子どもだけではなく、クラス全体に相手を思いやる言葉の価値を広めるよう指導し、集団の力を活用します。
・児童が望ましい行動をしたときはすぐに具体的にほめるようにします。

29 友だちとの約束が守れません

　せっかく立候補して仲よしの友だちといっしょに生き物係になったのに、いざ仕事をはじめると友だちと話し合って決めた仕事の時間を忘れてしまったり、お楽しみ会の最中、みんなで決めたゲームのルールを守れなかったりする子がいます。決して悪気があるのではなく、指摘されるとはっとしたり、すぐに謝ったりすることもできます。けれど、また同じような場面で約束を忘れてしまい、友だちからも責められてしまいます。
　そんな子どものなかには、周囲の刺激に敏感に反応してしまい、つぎからつぎへと興味のあることへ気持ちが移ってしまったり、楽しいことに夢中になりすぎて周囲が見えなくなってしまう特性を持つ子がいます。その結果、大切な係の仕事やみんなで決めたルールを忘れてしまうのです。失敗するたびに、本人も自信を失い「自分はいい加減でダメな子なんだ」と考えるようになってしまいます。

●責めるだけではダメだった記憶しか残りません

・どうすればよいのかわからず、同じ失敗をくり返す。
・まわりの子も「Rくんはダメだ」と思っているという思い込みは無気力や反発といった二次障害を引き起こす。

●視覚支援を行ないながら仕事を教えます

アドバイス

・注意力が散漫な子どもにとって、言葉での約束を記憶に留めておくのは至難の業です。付せんやホワイトボードなどを活用し、約束事を見えるようにしてあげることで思い出しやすくなります。
・ゲームのルールなどは黒板などに書いて示し、ゲームをはじめる前に毎回確認します。活動中も見てわかるところにおいて忘れてしまったときには再度見直しをします。
・一番大切なことは、忘れても叱責をしないことです。自己肯定感を下げるだけで効果はありません。具体的にどうするのか支援します。

30 大事なことを後回しにしてしまいトラブルになります

　登校してから、学習道具をランドセルから出さずに机の上に置きっぱなしで遊びに行ったり、つぎの時間の準備をしないで話し続けている子がいます。そうじや係の仕事など、任せられていることを放り出して、別のことをやってしまうこともあります。教師や友だちから何度も注意されますが、優先順位がつけられず、いつも大事なことを後回しにしてしまいます。

　行動の優先順位は、その時々によって変わるので、まわりの状況を理解する必要があります。こうした子は、「暗黙のルール」がわからないため、はっきりとわかりやすくいわれないと、理解して行動することが難しいのです。

　こうした失敗が続くと、友だちから責められたり、自分に自信がなくなってしまうかもしれません。

● 注意をして指示を出すだけだと、素直になれず反発してしまいます

どうして係の仕事をしなかったの？ちゃんと仕事をしてから、ほかのことをしなさい

ちゃんとやろうと思っていたのに…なーんだよ、おればっかり…

● それぞれのいい分を別々に座って聞きます

座ってください（＝安心させる）

○くん、いまどう思いますか？（＝自分の気持をはっきり意識させる）

これからどうしたらよいと思いますか？　先生は、いつまでにするのか決めるのがよいと思います（＝1人ずつよい方法をいっしょに考える）

① 教師は子どもたちを座らせ、やさしく話しかける。
② やらなければならないことをいつまでにするかを決める。
③ いつまでにだれがするか決まったら、係表に貼る。

●「クラスの解決ヒントファイル」を作り、貯めていきます

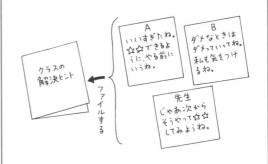

● おたすけカード（支援カード）を作ります

> おたすけカード
> ○ たのまれたら、いつまでにするかを聞く。
> ○ たのまれたことが2つになったら、相手に聞く。
> 「今すぐやったほうがいい？」
> 「○○やってからでいい？」

・1人でやることができ、友だちに認められることで自信になる。できるようになったら、必ずほめる。

アドバイス

　シールを貼るようなチェックカードやすごろくカードを作り、1つできたらつぎのコマに進め、ゴールを目指します。ゴールしたときのご褒美をその子どもの興味のあることにすると、やる気を引き出し、「おぼえて、やろう」という行動につながります。

友だち関係のよくある「困った」

31 友だちの失敗や間違えを、過度に責めます

　体育のゲームや音楽の合奏などで、「何やってるの！」「あなたのせいで負けちゃったじゃない」などと、いつも責めるいい方をする子がいます。

　まわりの友だちの行動やできごとに対し、やや敏感に反応する傾向があります。目に入ったことにすぐ反応してしまうため、自分のやることがおろそかになっていることもよくあります。

　また、ルールや約束にこだわりがあり、相手のことが許せなくなってしまうということも考えられます。自分の思っているやり方やルールと違うと強く相手を責めてしまうことがあります。

　主張は正しいのですが、言葉の表現に問題があることもあります。いくら正しいことでも、そのいい方で相手に理解されないということがあります。

● 失敗してしまった子を応援するだけでは解決しません

・責めてしまう子に失敗してしまった子の頑張りをわかってもらう必要がある。

● 「アドバイスカード」を活用します

・アドバイスカードで、もっとよいいい方を練習し、できたらほめる。

● 挙手のルールや発言のルールを見えるところに貼っておきます

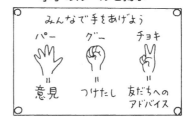

ポイント

・日頃から「失敗してしまった友だちには、どうしたらいいのかを教えてあげようね」と声かけをしてあげましょう。その子が孤立することなく、まわりからも好感を持って受け入れられるよう支援します。
・自分のこともしっかりできているか、セルフチェックをさせ、他者のことばかりを気にするのでなく、自分がしっかりできているかを確認できるようにしていきましょう。

32 被害者意識が強く、何でも人のせいにします

　友だちとの関わりで強い被害者意識を持ってしまう子は、トラブルにつながることがしばしばあります。

　本人のいい分ははっきりしているのですが、まわりの子から聞く話と食い違っていたり、思い込みや誤解があったりするばあいもあります。また、物事のとらえ方や認知の仕方に偏りがあり、人からのアドバイスや指摘についても「責められた」と感じてしまいます。背景にはつぎのようなことが考えられます。

〔状況の理解が苦手〕
・出来事の前後の因果関係がわからず、思い込みで怒ってしまう。
・やり取りの一部分を切り取って相手を責めてしまう。

〔相手の立場に立って考えることが苦手〕
・自分側からの見方しかできず、相手を受け入れられない。
・他人の感情に気づきにくい。

〔記憶のフラッシュバックがある〕
・嫌な記憶が突然思い出され、結びつけて怒る。

● 本人が納得しないままその場を収めてしまうと、つぎに活かされません

- まわりの子どもからも誤解されたままになる。

● 状況をわかりやすく説明します

- 教師が子どもたちの通訳者として、「何が起きたのか」「なぜ怒っているのか」を聞き取り、わかりやすく伝えて理解をさせる。
- 出来事の流れを目で見てわかる形で示す（イラストや人形、文章など、子どもの理解度に応じて行なう）。

● 相手の立場や気持ちに気づかせ、対応の仕方を教えます

① 自分がいったことで相手がどんな気持ちになっているか、まわりの人はどう見ているかを考えさせる。
② どうしたらよかったかを本人と話し合う。
③ やりとりをロールプレイで体験させる。
- カッとなって怒っているときは話をしても頭に入らないので、まずは落ち着かせてから説明を行なう。
- アドバイスや指摘を受け入れられないばあいは、なぜそのアドバイスをしたか、しなければどういう結果になったか、どんなメリットがあるかを明確に説明する。

アドバイス
- こうしたトラブルの背景には、少し体を触られただけでとても痛く感じていたり、冗談で驚かせたことが本人には我慢できないことだったりということもあります。本人の訴えをよく聞いて、まわりの子どもたちに理解を促していくことも必要です。

33 冗談がわからず、本気で怒ってしまいます

　冗談のつもりでいった一言に、本気で怒り出してしまう子がいます。笑わせるつもりでいった言葉なのに、怒らせてしまい、まわりは困惑してしまいます。それがきっかけで友だちとけんかになることもあります。
　冗談がわからず、本気で怒ってしまうということは、いくつかの原因が考えられます。
　①いわれた言葉そのものの意味がわからない。
　②言葉を文字どおりに捉え、その場の雰囲気や冗談の意味が理解できない。
　③ルールや約束を守らなければならないという意識が過剰で冗談やふざけ合いが許せない。
　④その日その時の心身が不調でちょっとしたきっかけで怒ってしまう。
　その子の持つ「生真面目さ」がこのような行動につながっているともいえます。

● 怒った理由を丁寧に聞き、気持ちを受け止めます

「何を怒っているのかな。ゆっくりでいいから先生に話してくれると嬉しいな」

・怒っている子に「怒らないで」「落ち着いて」とだけいっても、本人もまわりの子も「1人で怒っている」という記憶しか残らない。
・怒った理由を聞くことで気持ちを受け止め、つぎに同じことが起こったときの「心のしずめ方」をいっしょに考える。

● 冗談の意味を教えます

「それは『じょうだん』といって楽しく笑ってもらおうと思っていった言葉なんだよ」

「今度からじょうだんだよっていったら、怒らないでね」

・「冗談」や「お笑い」の意味、笑ってもらうための言葉があることを教える。
・「冗談」をキーワードにすることで、自分をバカにしていた訳ではないことを知る。

● 怒った理由をまわりの子にも説明し、その子のよさを伝えるきっかけにします

「じょうだんをいったHさんも悪くないよ。NくんはHくんがいったことをほんとうだと思ったみたいだよ」

「これからNくんにじょうだんをいったら、『これはじょうだんだよ』ってつけ加えようね」

「Nくんはまじめだね」

・なぜ怒ったのか、まわりの子へも丁寧に伝える。

アドバイス

　ふだんからクラスであたたかい共感的な関係が築かれていると、本人も気持ちを落ち着かせることができることがよくあります。その逆で日常からちょっとした「からかい」や「悪ふざけ」があたり前になっていると、より反応してしまい、本人もクラスも落ち着かなくなります。クラス全体の様子はどうか、言葉のかけ方が共感的か、いじめにつながるような言動はないかなど丁寧に観察し、クラス全体の取り組みにしていくことが大切です。

34 点数や勝敗にとてもこだわります

　学校生活では、じゃんけんや鬼ごっこなどの遊びや、体育の競技など、友だち同士で勝ったり負けたりすることはよくあります。しかし、みんなで楽しむ集団の遊びやゲームなどの経験不足から負けるのが不安で、勝敗にこだわってしまう子がいます。また、ルールをしっかりと理解しないで活動に参加し、自分の思い通りにならないことに納得できない子もいます。感情表現をうまくコントロールできないため、友だちに感情をぶつけてしまったり、途中で活動を投げ出してしまったりする子もいます。

● ルールを視覚化します

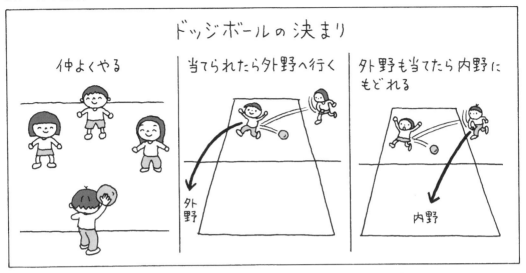

・遊びのルールや、友だちとの関わり方をクラスの約束として決めて、見えるようにしておく。

● 「ニコニコカード」を作ります

・「10枚たまるとクラスレク」などの工夫をする。

● 不安をコントロールする練習をします

①後だしじゃんけん＜負けるバージョン＞

・教師や代表の子が出した後に、その人たちに負けるようなじゃんけんをする。

②ジェスチャーゲーム、手遊び歌

・負けたり失敗する可能性の多い遊びで、思わず笑ってしまうような活動を多くする。
・負ける経験をし、負けても「まあいいか」という気持ちが持てるようにする。

> **ポイント**
> さまざまな経験を楽しくこなしていき、勝ったり負けたりということが当たり前だと気づくことが大事です。遊びのなかには数多くのソーシャルスキルが含まれています。鬼ごっこで役割の交代ができたり、ゲームで負けてもつぎがあるよと気持ちを切り替えたりできることが成長にはとても大切です。

35 気持ちの切り替えがなかなかできません

　体育のゲームの途中で負けそうになりその場から飛び出したままなかなか戻ってこられない子、友だちとけんかをしていつまでも怒り続けている子、負けたり失敗したりして怒りや興奮が頂点に達したまま、なかなか気持ちを切り替えられない子どもがいます。

　衝動性が高い子は、感情が高ぶりやすいために感情のコントロールが利きにくい傾向が見られます。

　強いこだわりを持つ子は、一度興奮するとその気持ちが続いてしまい、自分で気持ちを切り替えることができません。時には過去の出来事を突然思い出して（フラッシュバック）、パニックを起こす子もいます。

　成功経験が少ないために自信が持てず失敗状況に向き合えない子や、失敗に対する過度の不安がある子も、精神的に不安定になりやすく、なかなか気持ちを切り替えられないことがあります。

　わがままや甘えととらえずに冷静に対応します。

- タイミングを見計らってつぎの行動へ声かけをする。

ポイント

　興奮している子に強く言葉がけをするとますます混乱するので、クールダウンの時間を取ったり、落ち着く場所に移動させたりして、できるだけ早く落ち着くのを手助けしてあげます。タイミングを見計らって、「あと何分で落ち着けるかな」「落ち着いたら○○さんの好きなことをいっしょにやろうね」と、つぎにやることを伝えてあげると見通しができて、気持ちや行動の切り替えがしやすくなります。

　パニックを起こさせないように、緊張が高まってイライラした様子が感じられた時点で早めに対応を取ることも大切です。

36 人にぶつかったり、ふれたりしても、気づきません

　注意のコントロールが難しい子どものなかには、1つの物事に気持ちが向くと、ほかのことがまったく目に入らなくなるといった行動を示す子どもがいます。「シングルフォーカス」などともいわれ、とことん集中してしまい周囲の声などが聞こえなくなったり、周囲の人が目に入らなくなったりしてしまいます。
　「これをしたい」「ここに行きたい」と思い動きはじめると、ひたすらそこを目指すので、人にぶつかっても、人を押しのけていても、気がつかないのです。
　また、自分の姿勢などにも意識が向かなくなるので、体が傾いていて、いつのまにか人に寄りかかっていても気がつかないばあいもあります。
　いずれのばあいも、本人に悪気はありませんし、無意識の行動なので、周囲に指摘されても、「覚えていない」「ぼくはそんなことしていない」と主張し、周囲から「うそつきだ」「ごまかしている」などと、誤解を受けることも多くあります。

●意識していないことを責められても、本人にとっては苦痛でしかありません

●状況を絵にして説明します

・「やっていない」という本人の主張をよく聞き、ほかの人の話も聞き、状況を絵に描いて気づかずにぶつかっている状況であったことを説明する。

●「いま、ぶつかってしまったよ」と声をかけます

・ぶつかっている姿を目にしたら、「隣の人に体が当たっているよ」などと声をかけ、一呼吸おいて行動したり、姿勢を修正したりするように促す。
・行動を修正できたらその場でほめる。
・友だちではなく、教師が声をかけ周囲にも納得してもらう。

●「コミック会話」で、まわりの友だちの気持ちを理解させます

・気づかずにぶつかっていた自分と、周囲の人がどう思ったか気づかせていく。
・「怒られている」という気持ちにならないような雰囲気で説明していくのがコツ。
・周囲の子たちにも、その子が気づかないでぶつかっている状況を理解してもらう。

ポイント
・ぶつかるなどの行為は、周囲の子たちにとって迷惑なため、教師のかじ取りが重要になってきます。周囲の理解を得ながら、本人に声をかけてよい姿勢を身につけさせることを、じっくり取り組んでいきましょう。
・学校、クラス全体を、責め合うのではなく穏やかに過ごせる雰囲気にすることが大切です。

37 特定の異性にしつこく関わり、嫌がられてしまいます

　勉強を優しく教えてくれたり、いっしょに仲よく活動したりする相手ともっと仲よくしたくなる気持ちは、どの子にもあるものです。そんな時、その気持ちの表し方がわからずに、「見つめ続ける」「つきまとう」などの行動をしてしまうばあいがあります。「仲よくする」方法がわからないため、誤解を生みます。

　高学年になると、異性として相手を意識し、「好きだ」という気持ちになり、それを抑えられなくなっていくケースもあります。映画やテレビドラマなどを見て、「好きな相手を見つめ続けると、思いが届く」などと、勘違いをしているばあいもあります。

　いずれも、本人は一生懸命ですし、人を思う気持ちが表れ出てくることは人の成長過程では自然なことです。しかし、対応が遅れると、相手の子に与えるストレスが大きく、本人も相手も傷ついてしまうばあいがあります。

● 本人の気持ちをよく聞き、なぜつきまとってしまうのか確認します

「どうしてKさんにつきまとうの？」

・自分がつきまとっていることや相手が嫌がっていることに気づかせるよう話す。

● 仲よくするためのルールを具体的に教えます

・5秒以上見つめない。
・1メートル以上近づかない。
・後をついていかない。
これを守ろうね

● ルールといっしょに、適切な行動も教えます

「遊びに入れてもらいたいときは「ぼくも入っていい？」と声をかけようね」

ハイ

・遊びに入れてもらいたいときは、「ぼくも入っていい？」と声かけをさせる。
・断られたときは、無理に入れてもらおうとするのではなく、別の遊びをするように促す。
・「学級レクリエーションで同じ遊びができるから、それまで待とう」。

● 相手の子から、「○○されると、いやです」ということを、本人に話してもらいます

「じっと見られたくないの」
「ごめん。もうしないよ」

・相手が嫌がっていることを教えたうえで、仲よくする方法を再確認する。
・怒っているのではないことが伝わる話し方を心がける。

● 将来に向けて人とのつき合い方を社会のルールとして教えていきます

友だちと仲よくするコツ

○休み時間、遊びたいときは、「いれて」という。
　・入れてくれたら、ほかの友だちとも、いっしょに遊びます。
　・「いまはダメ」とことわられたら、別の場所で、別のことをします。
　　（例　図書室で読書　自分の机でお絵かき）
○いつでも、その子が見えたら、
　・5秒以上は、見ません。
　・後をついていきません。
○好きな子ができたら、センターの○○さんに相談します。
　・自分だけで考えて、その子を誘ったり、おくり物をしたりしません。

・「人づき合いのコツ」のような形で、文章で示したメモなどを作り、くり返し見直していく。
・家庭とも連携し、「好きな人ができたら相談する相手」を決めるなど、本人の思いを受け止める準備をしておくことも必要。

ポイント

・人との距離感を把握するのが苦手な子や、相手の気持ちを共感する力が弱い子にとって、思春期の対異性は大きな課題です。本人の気持ちを聞き取りながら、特定の相手との適切な関わり方を、具体的に丁寧に指導していくようにしましょう。
・本人の理解がスムーズに進むよう、学年、クラス全体でも、冷やかしたり、騒ぎ立てたりしないよう、みんなで協力していきます。

38 マイペースで、まわりに合わせようとしません

　友だちといっしょに遊ぶとき、自分のしたい遊びを強要したり、みんなで決めたルールを途中で自分に都合よく変えたりするなど、まわりに合わせることができず、マイペースを通そうとする子どもがいます。遊びの途中で、つまらなくなったり、自分に都合が悪くなったりすると、突発的にその遊びから抜けてしまうばあいもあります。そのような行動がくり返されると、仲よく遊ぶことのできる友だちが減り、人間関係が希薄になっていってしまう恐れがあります。

　人との関わりには、言葉に限らず、表情や仕草、その場の空気感などから、相手の思いや意図を感じ取る力が必要です。また、まわりと折り合いをつけながら、自分の気持ちをコントロールする力も必要です。

　不適切な行動への注意が多くなりがちですが、自己評価を低下させることは避けなければなりません。

- ●ルールを守ったり我慢したりするよう諭しても好ましい行動への変化は期待できません

  - ルールを守って遊びなさい
  - あなたはいつも自分に都合のいいようにやるのね
  - 少しくらい我慢しなさい
  - このルールの意味がよくわからないのに…
  - どうせぼくなんか何をやってもダメなんだ…

- ●本人のいい分を聞き、主張を認めてしまうと身につけさせたい社会性が育ちません

  - あなたの気持ちはわかりました
  - ずいぶん身勝手な主張だけど…
  - 今度は仲よく遊べるといいね
  - ぼくは悪くない
  - でも、みんなと仲よく遊べないのはなぜだろう？

↓

- ●友だちとのやり取りを絵や文字でふり返り、自分と相手の気持ちを整理して考えます

  - さっきはどうしてけんかになったんだろう？
  - 友だちはこんな顔をしていたよ
  - どうすればよかったのかな？
  - こんなときは、こういえばよかったのか！
  - つぎは仲よく遊びたいな

- ●教師も交じり、本人がわかりやすいルールで遊びます

  - 遊びのルールはわかりましたか？
  - 途中でルールの変更はしません
  - 一度遊んだことのある遊びだから安心だな
  - Aさんといっしょだと楽しいな

  ・友だちと楽しく関わる経験を積み重ねる。

アドバイス

　教師は、子どもの思いを大切にしようとするあまり、ついつい子どものペースに振り回されてしまうことがあります。しかし、登校班から離れて登校中に遊びはじめてしまう、休み時間の遊びから学習への切り替えが難しいなど、まわりに合わせて行動することが難しい状況はいくつも考えられます。

　人と関わって生きていく上で必要な力を子どもが身につけるためには、具体的な指導目標に基づく適切な手立てが必要となります。子どもの実態によっては、長期的な視点で取り組みます。

39 何でも1人でやりたがり、友だちと協力するのが苦手です

　友だちと役割を分担し、協力しながら活動をしていくときに、自分がやりたいことを激しく主張し、まわりの友だちの意見を聞こうとしない子がいます。激しく主張するため、まわりの子が遠慮してしまうこともありますし、主張が通らないとへそを曲げて投げやりな態度になってしまいます。

　他者に対する意識が弱く、友だちの表情や様子に注目することが苦手なため、相手の気持ちを考えることが難しいという背景が考えられます。自分が「やりたい」と思うように、友だちも思っていると考えられないため、自分の思いだけで進めてしまいます。

　強い主張の背景には、避けている役割に対する不安があるばあいもあります。「知っている」「イメージがしやすい」「自信がある」ということは強く主張し、「よくわからない」ことには不安を感じ、拒否的な態度を示します。

●教師がたしなめたり仕切ってしまうと、不満を感じ前向きな気持ちで取り組めません

「自分ばっかりやりたいことをやっちゃダメでしょ！みんなで話し合って決めなさい」

「ちゃんと協力して決めなきゃダメじゃない！もう一度決めなおしてごらん」

「せっかく、ぼくが○○になりそうだったのに…」

「先生にじゃまされた！」

「もう、知らね！」

●まわりの友だちの表情などから、相手の気持ちを考えさせます

「Mさんの顔見てごらん。悲しそうだよね。Mさんもこの役をやりたいんだよね。でもあなたがやりたい！ってあまりにも元気にいうから、Mさんはびっくりしてやりたっていえなかったかもね」

「そっか……うん……でもな……」

●いろいろな役割を説明し、もう一度みんなが納得する決め方をさせます

「別の△△っていう役は、□□をやるんだよ。ほかにも楽しい役があるよ。もう一度決めなおしてみようか？」

「……うん」

●「協力」とはどういうことか、具体的なイメージを持たせます

「協力」とは
・自分の意見をいう
・友だちの意見を聞く
・ゆずりあう
・決まった役割をしっかりとやる

・子どもの特性によっては「協力」という言葉からどのように行動していいかイメージがわきにくいばあいがある。

ポイント

さまざまな場面において、事前に、協力し合う具体的な姿を確認します。活動後は実際に見られた協力し合う姿を学級目標に照らし合わせながらしっかりと評価してあげることが大事です。それらをくり返していくと、クラス全体が協力し合う雰囲気になってきます。

友だち関係のよくある「困った」

40 学習に必要なものや提出物をよく忘れてきます

　学校の授業では、さまざまなものを使いますが、それを頻繁に忘れてくる子どもがいます。図工の道具だったり、書写の道具だったり、音楽のリコーダーだったりと、貸し借りができるものとそうでないものがあり、授業が遅れてしまうことにもなります。「忘れてくる」という現象は同じでも、子どもによって理由はさまざまです。したがってどこでつまずいているのかを丁寧に見ていく必要があります。

・指示を聞き取れていない（不注意、聴覚的短期記憶の弱さなど）。

・板書を書き写せない（視覚的短期記憶の弱さ、書くことへの苦手意識、持ちものを書き写すことが習慣化していないなど）。

・準備ができない（メモを見ない、持ちものを準備することが習慣化していない、家庭での声かけなどサポートが少ないなど）。

・なくしてしまう（いろいろな所に置いて忘れてしまう、整理整頓ができずに見つけられないなど）。

　どこでつまずいているか、原因がわかるとおのずから対策が見えてきます。

クラス全体への支援

●指示の出し方は簡潔にします

●視覚情報はわかりやすく、一定の場所に提示します

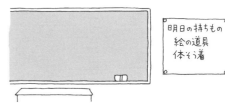

・毎回違う場所は避ける。

●持ちものを書き写す時間を設定します

個別の支援

●板書を書き写したメモを用意します

●持ちものを置く場所を決め、はっきり提示します

・本人用の箱を机の横や足元などに置いてもよい。

●保護者に協力を求めます

メモを書いたか確認して帰しますので家庭でメモを見るよう声をかけてください

わかりました

●学校から持ち帰るもの（週末の給食着、うわばきなど）は、ランドセルの内側にメモを貼ります

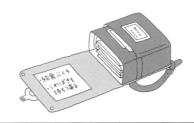

ポイント

　自分の苦手さに気づき、「こうすれば忘れない（失敗しない）」という対処法を、子ども自身が見つけていけるように支援してあげましょう。

41 学習用具の準備や片づけにとても時間がかかります

　授業がはじまっても必要なものが準備できていなくて開始が遅れたり、片づけに時間がかかって、つぎのことに進めなかったりする子がいます。準備や片づけが終わるまで待って、クラス全体の授業が遅れてしまうと、まわりからの目が厳しくなり、その子自身もつらい思いをしてしまいます。
　準備や片づけに時間がかかる背景には、つぎのようなことが考えられます。
・時間の感覚がなく、いつまでに何をすればいいのかがわからない
・机やロッカーが片づいておらず、必要なものがどこにあるか見つけられない
・休み時間に準備をすることを忘れてしまう
・状況を把握できず、みんながやっていることに気づけない

クラス全体への支援

●何を用意すればいいか、指示を見える形で残しておきます

●授業に必要なものを置く場所を決めておきます

個別の支援

●準備や片づけの時間を意識できるようにタイマーを使います

・時間の感覚がない子には、目で見て確認できるタイマーが有効。
・「5分で準備できるかな」など声がけをする。

●道具箱や筆箱のふた等に入れておく物のしまい方の写真を貼ります

・準備や片づけの手掛かりとする。

●家庭と協力し、授業ごとに必要なものを小分けにして準備しておく

ポイント

授業の準備は休み時間に行なうということを、クラス全体のルールとして明確に決めておくとよいでしょう。定着するまでに、ルールを掲示したり、頑張りシールなどで意識づけをする方法も効果的です。

42 とび箱、鉄ぼう、なわとびに取り組もうとしません

　とび箱、鉄ぼう、なわとびは地道な努力の積み重ねが成果となって現れる運動です。また、体の各部の筋力をバランスよく協調させて行なう運動です。
　積極的に取り組まない子の原因は、以下のことが考えられます。
・感覚の過敏性があって、とび箱にふれたとき、鉄ぼうを握ったときの感覚や、なわとびの縄が立てる音に過剰に反応してしまう。
・体が回転したり、ふわっと浮き上がったりする感覚に恐怖を感じる。
・右左の判断があいまいだったり、自分の体の大きさや手足の位置を認識する力が弱く、目で見た動きを自分の体に置き換えて考えることができない。
・集中力が続かず、1つのことに継続して取り組むのが苦手で成果が出ない。
・できたかできないかはっきりとわかる運動なので、まわりの友だちができるのに自分ができないことが認められない。
・できるようになるまでの見通しが立てられない。

●子どもが得意な運動や遊びで課題を練習します

・楽しいと思う気持ちが練習の原動力になる。

●動かし方のコツやタイミングをわかりやすい言葉で伝えます

・目で見て体の動かし方を学ぶことが不得手なため。
・二重とびのコツは、「親指で小さな円をクルクルって書く感じだよ」「シュシュンって回すとうまくいくよ」など。

●できるまでの見通しを持たせます

・上達が実感できるようにスモールステップで指導する。
①まずは手形のところで手をつく→②手をつくときに大きな音をたてる→③とび箱に乗る→④ふみ切りのときに大きな音をたてる。

●運動している様子を目で見て確認できるようにします

・撮影した映像でできばえを先生と確認する。

●苦手な運動の後に、好きで得意な運動を入れて練習が楽しくなるようにします

●教材教具を工夫して、恐怖心を取り除くようにします

・鉄ぼうに発泡ポリエチレン性の安全パッドをつける。
・鉄ぼうの下にマットを敷く。
・鉄ぼうから落ちないように補助ベルトをつける。

アドバイス

・やろうという気持ちはあってもすぐにはできない、その辛さを乗り越えて、できるようになる経験は、子どもの成長にとって大事な一歩となります。プライドを傷つけないように、運動が楽しいと思えるように指導しましょう。疲れが出たら練習をやめます。
・結果でなく、運動の過程でたくさん子どもを認め、上達を自分で感じられるようにしましょう。
・運動はできるようになったり、またできなくなったりという段階を踏んで、少しずつ上達します。一度できた動きも安定していつも確実にできるまでには、時間がかかります。上手にできないときもあせらず、以前の練習とは異なった質の失敗だということを伝えましょう。

43 はさみやのり、コンパスなどがうまく使えません

　学習に使う道具の扱いがうまくいかず、学習に苦戦する子どもがいます。授業中プリントをノートに貼りつけるのに時間がかかったり、端まで貼りつけることができずに汚くなってしまいます。こういった「不器用な子」たちは、道具を使うことに一生懸命で学習に集中できなかったり、うまくできないことでモチベーションが下がって学習に取り組めなかったりすることがあります。

　「不器用な子」は、指先の力の入れ方がわからない、視覚的な認知能力の弱さ、左右の認知があいまいであるなど、複数の要因が考えられます。指導する際には、道具そのものの扱いを学ぶだけでなく、さまざまな体の動きを学んだり、視覚トレーニングを行なったりすることで不器用さが改善されることもあります。苦手意識が芽生える前に、適切な対応で道具をストレスなく使えるようにし、その先の学習をスムーズにさせます。

●のりの使い方を工夫します

先生がしるしを
つけたところに
のりを3回ぐるぐると
つけます。
カッターマットを下に
敷いてやります
手が汚れたら
おしぼりを使ってね

しるしどおりに
つければ
いいんだね。
机や手が
汚れても
だいじょうぶね

●はさみの使い方を工夫します

ちょきちょき切り　　ちょっきん切り

・切り方に名称をつけて教えるとわかりやすい。「ちょきちょき切り」ははさみの腹で切る。「ちょっきん切り」ははさみの先で切る。
・はさみではなく紙を動かすことを教える。

「切り絵 いろがみ」

・「切り絵いろがみ」などを活用するのもよい。見え方に課題のある子には、線を太くするなどの支援を行なう。紙の厚さも子どもに合わせて適切なものを選ぶ。

●コンパスの使い方を工夫します

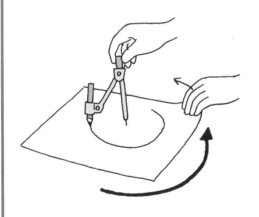

・中心の針がずれてしまうことが原因になっていることが多いので、段ボールを下敷きにして練習するとよい。
・コンパスは動かさずに紙のほうを回すとよい。

●使いやすい道具を活用します

「スーパーコンパス くるんパス」

握って使える
コンパス

・使いやすい道具で「上手に書ける」自信をつけさせることが大切。

色のついた
スティックのり

テープのり

アドバイス

　不器用な子どものばあい、その道具の使い方に習熟させるのも必要ですが、代行となる手段を探してみることも大切です。また、リコーダーなどの楽器の扱いは、大きな音が鳴り響く音楽の授業のなかではなかなか集中できません。学習を先取りして前年度の終わりころから少しずつ取り組み、自分の演奏する音だけが聞こえる場所で個別指導することが効果的です。
　また、道具が使えるようになっても「三角定規を2つ使って平行線を書く」といった応用した使い方になると戸惑う子どももいるので、その都度ていねいにサポートする必要があります。

44 学習したことをすぐに忘れてしまいます

　忘れることはだれにでもあります。ただ、「すぐ」に忘れてしまうばあいは、以下のような背景があると考えられます。
・一度に記憶できる容量が少なく、定着に時間がかかる。
・集中力が続かない……部分的に話を聞いているだけで、全体的な内容を理解することが困難です。
・特定の学習能力に顕著な弱さがあり、学びにくさを抱える（学習障害・LD）。
・吃音や構音障害などの言語障害があり、わかっているのに、自分の発話に自信がない……挙手ができず、指されても答えたがらないので、忘れたように誤解されてしまいます。
　特性に応じた学習形態の工夫を考えていき、子どもが忘れる前にしっかりと教師が学習を定着させる指導方法や環境を作ります。

● くり返し書かせて覚えさせても辛くなるだけです

・ただ書かせるだけでは学習意欲と自信を失ってしまう。

● おさらいコーナーを設置していつでも確認できるようにします

・模造紙などで既習内容を視覚的に提示しておく。
・「ここが忘れやすいゾ！」など、忘れやすいポイントをわかるようにしておく。

● カードなどを利用して、覚えようとする気持ちを育てます

● 日頃から質問しやすい雰囲気を作ります

・子どもから質問を受けた後には「忘れるのは当たり前！質問すると楽にできるね！」などと全体に声をかけ、質問することのよさを伝える。

・課題ができたら、できたことを証明するカードなどを渡す。
・その子の興味関心に沿ったもの（アニメ・ゲーム、まんが、スポーツなど）や学校のマスコットキャラクターなどを活用すると親しみやすく意欲的に取り組める。

アドバイス

　教師が書く赤ペンのコメントも子どもには大きな励みになります。頑張ったことを子どもがわかる具体的な言葉でほめます。子どもは自分の苦手なことを客観的に捉えられていません。できない部分を子どもが受け入れられる言葉でどう意識化させるかが大切です。
　赤字は先生の否定的な言葉というイメージを持っていて、素直に受け入れられない子もいます。その子の好きな色でコメントを書いてあげましょう。

45 話の一部は理解しても、全体を理解することができません

　物語や説明文などの内容を、部分的には理解しているものの、全体として捉えたり、まとめたりすることが苦手で、結果として理解していないとみられたり、注意されたりする子どもがいます。全体を理解することができない原因は、いろいろと考えられます。
①話を聞こう、読もうとする態度が身についていない。
②記憶することが苦手なために、話が長かったり、複雑だったりすると、話の大切な部分を見逃してしまう。
③部分的には理解できるが、全体的にまとめて捉えることが苦手なために、話の大切なところがピンとこない。
　②や③のばあい、子どもは、「一生懸命読もう」「最後まで読もう」と頑張っているにも関わらず、結果として、教師から注意されてしまうことが少なくありません。
　全体を理解することが苦手な子どもは、読み物だけではなく、ふだんの会話でも部分的にしか聞けず、「聞こう」としているのに教師や親に叱られているかもしれません。

●段落などでまとめたものを並べたり組み合わせて読ませます

・段落カードを色分けしたり、「はじめ」「なか」「おわり」などで組み合わせても効果的。

●話のマップを作って、全体の構成を意識できるようにします

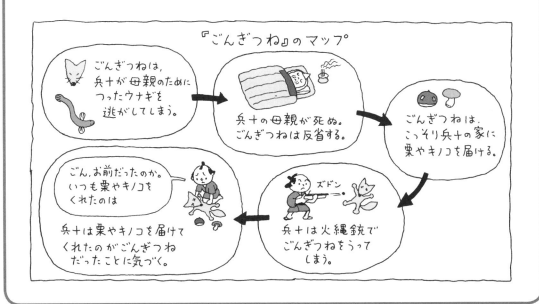

アドバイス

　要点やあらすじを求めることが苦手なばあいでも、ある部分だけはとても鮮明に記憶していたり、上手に説明したりすることができます。その子どもの強み、よさを学習に生かせるようにしましょう。
　認知処理（見聞きしたことを頭の中で処理し、話したり書いたりすること）の得意・不得意はどの子どもにもあります。部分を細かく理解していき、全体を捉えるための手立てを工夫し、どの子どもにも役立つユニバーサルデザインの授業につなげていきます。

46 よく人の話を聞き間違います

　教師から机の上に出す物を指示されているのに、正しく準備できない子がいます。準備ができないと、活動にスムーズに入ることができないため、授業時間内に完成しないということがしばしばあります。

　聞き間違いや聞き漏らしは、子どもの特性によって背景が異なります。

　「注意集中」が困難な子のばあい、教師の指示に注目できず、気になる音や物に意識が向いてしまうことがあります。また、教師の指示が終わる前に、思い込みで行動してしまうこともあります。

　「短期記憶」に困難さがあると、教師の指示を覚えていられないために聞き漏らしが起こります。

　「聞こえ（聴力）」に困難さがあると、指示内容を聞き取れないため、周囲の動きを見て行動しなければなりません。そのため、全体の動きから遅れたり、準備が不十分になったりします。

● 叱られたという思いが積み重なり、自分に自信がなくなります

・クラスみんなの前で叱責するとほかの子からの評価を下げてしまう。

● 教師の指示にクラス全員を注目させます

・教室が静かになり、だれもが聞き取りやすい環境になる。

● 指示を出した後、内容を別の子どもに確認し、クラス全体にもう一度聞かせます

・子どもたちは指示を2回聞いたことになる。

● 指示を板書します

● 活動や作業をはじめるときに「どうぞ」「はじめます」などを合言葉にしておきます

・「準備はいいですか」のかけ声で、子どもは作業を開始する態勢になる。
・机上の準備を確認してから「どうぞ」ということで、クラスみんなが一斉に開始できる。

ポイント

指示を出すときに教室全体を静かにさせる指導を継続すると、子どもは「静かな雰囲気」を感じて、「聞かなければならないとき」を意識するようになります。

「聞こえ」の困難さについては、保健室で確認したり専門機関と連携したりしながら早期に対応します。

47 筋道を立てて話すことが苦手です

　話したいことは頭のなかにたくさんあるのに、いざ話をはじめると話があちこちにとんでしまって、聞いている方は、いったい何がいいたいのかわからなくなる子がいます。しかし、相手のことなど気にせず、話し続けます。まわりの友だちからも「何がいいたいかわからないよ」と文句をいわれてしまい、話すことに自信を失ってしまいます。

　語彙力が少ないわけではありませんが、助詞の使い方や構文力の弱さがあるためうまく言葉がつながっていかないのかもしれません。また、記憶力の弱さから、わかりやすい話し方を何度習っても定着せず、同じような失敗をくり返してしまうのかもしれません。

　結果として、相手に伝わりやすく話す方法がわからず話し続けてしまい、話すことに劣等感を抱くようになってしまいます。

● 具体的な指示がないと何が正解かわかりません

・うまく話せなかったという経験をくり返してしまうことになる。

● 話形を事前に用意します

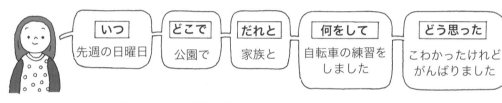

・話形を視覚化し安心して話すことができる環境を作る。
・グループになり、それぞれ「いつ・どこで・だれと・何をして・どう思った（5W1H）」を書いて、楽しみながら構文を理解していく。

● 図鑑など視覚的にわかりやすい教材を用意しておき、語彙を増やしていきます

・まわりに説明するときに提示して話の内容を補ったりする。

● 決められた役割を作り、話す経験を積んでいきます

・今日の給食の献立やスポーツの話題など、日々の学校生活で話す機会を作る。

アドバイス

・大切なことは子どもの話したい気持ちです。まずは、しっかりと子どもの「話したい気持ち」に耳を傾ける姿勢が大切です。話したい気持ちを受け止めながらいろいろな方法で子どもが伝わりやすい話し方について子どもといっしょに考えていきましょう。
・子どもの話がわかりにくいときにはさりげなく、教師が言い換えたり、選択肢を出して子どもに選ばせたりする。
・クラス全体で安心して話すことができる環境を作りましょう。

48 自分の思いを言葉で表現することが苦手です

　自分の思いをうまく言葉で表現できずに、固まってしまう子がいます。また、自分の思いを言葉で伝えられずに、パニックになったり友だちとトラブルになったりする子もいます。
　つまずきの主な要因として、以下のことが考えられます。
・語彙の不足　・言葉をまとめるのが難しい　・言葉の表現力が不足
・感情の認識ができない　・感情のコントロールが難しい
・感情の表現がうまくできない　・記憶の想起ができない
　「思いを言葉で表現する」ことは、学習面・行動面の両方に必要なことです。基本的な支援として、思いを言葉にできるように、教師が子どもの思いをしっかり聞いて、言葉を整理したうえで、適切な表現方法を教えていきます。

●言葉の数を増やします

・「あ」のつく言葉集め、しりとり、山手線ゲームなど。

●単語をつなげて話す練習をします

●意見をいうばあいの「型」を教えます

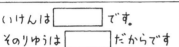

●お手本となる感想を複数提示し、選択させます

●マインドマップを作ります

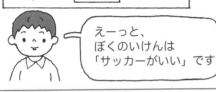

●気持ちを表す言葉を教えます

●自分の思いと経験を結びつける練習をします

□ の中に言葉を入れさせる

●ゲームでコミュニケーションの練習をします

「ヒットマンガ」

◆「ヒットマンガ」
吹き出しが空間になっている新感覚カルタで表現力を身につける。

その他おすすめのゲーム
◆「あそびっくす！　まなびっくす！」
◆「UNGAME（アンゲーム）」
◆「キャット＆チョコレート　日常編」

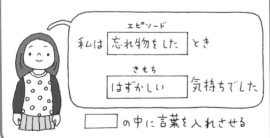

ポイント

・授業では、具体的・視覚的な手がかりを与える、教師が子どもの言葉に補足するなどの支援をします。授業の前に個別リハーサルを行なう機会を設けるなどの支援をするとより効果的です。
・言葉で表現する力をつけるのは、時間がかかることです。あせらず支援しましょう。
・自分の気持ちを整理し表現する経験を重ねていくことが大切です。

49 読み飛ばしや読み間違いをよくします

　おしゃべりが得意な子でも、学習で使う教科書や手紙、簡単なメモを読むときに、たどたどしくなってしまうことがあります。得意なことと不得意なことの差が大きい特性の子は、文字を読むことに苦手さを訴える子が多くいます。助詞などを跳ばしたり、文末を勝手に読み替えてしまったり、正しく読むことができません。練習をして上手に読ませようとしますが、練習も嫌がりなかなかうまくいきません。
　以下の背景が考えられます。
・文字を認識することが苦手。
・運動の苦手さから、読むスピードと目で追うスピードが合わない。
・衝動性が強く、一箇所を見続けることが困難。
・感情のコントロールが難しく、苦手なことを強く拒否する。

● どんな学び方が合っているか実態を把握します

この子にはどんな学び方が合っているかしら

● 単語で文字を読む練習を行ないます

・似たような単語を見間違えないように読む練習をする。

● 教師の後からついて読ませます

・文章を指でたどりながら読んで見せ、その部分を後からついて読ませる。

● 助詞や文末など飛ばしてしまいそうな場所に線を引き読ませます

犬が歩いていました。老人は大きな声で犬を呼びました。しかし、その声は犬にはとどいていないようでした。……

● バラバラになった文章を正しく並べ替える学習をします

・文章の構成を学ぶ。

● 音読をあてる場所を事前に知らせます

つぎの時間にこの文章を読んでもらうよ

● 視覚支援教材を利用します

リーディング・スクリット

・座って読んでいいですよ（＝安定させる）
・『上手に読める窓』を使っていいですよ（＝リーディング・スクリットを使わせる）
・焦ったときは、3回深呼吸をしてから読もうね（＝落ちつく方法を教える）

アドバイス

・文書がうまく読めない要因は子どもによって違うことがあります。子どもの認知特性（見るのが得意なのか、耳から聞くのが得意なのかなど）をよく理解した上で指導をすすめていく必要があります。
・人が読んでいるのを聞いて読む練習をした方がいい子もいますが、書いてある文章に印や線などをつけることで読みやすくなる子もいます。
・読むことに苦手意識を持った子は、人前で読むのを嫌がりますので、失敗しないために事前に練習をする必要があります。本人のわかりやすい方法で練習をしておきましょう。

50 漢字学習が苦手です

　漢字の読み書きが苦手な子がいます。以下の要因が考えられます。
・形を正しく捉えることができない(空間認知)。
・形を正しく記憶することができない(視覚的な記憶)。
・目と手の協応運動が難しく、うまく書けない(不器用さ)。
　漢字の読みでは、送り仮名や、音読みと訓読みについての理解が曖昧になり、つまずいてしまいます。漢字の書きでは、書き順やとめ・はね・はらいまで厳密に求められ、学習意欲が保てなくなりつまずく子もいます。
　また、漢字学習は、「読み」「形」「意味」の3つを1セットにして覚える必要があります。しかし、中学年以降は、目に見えるような具体語(月、人、星など)ではなく、抽象語(願望、習慣、尊敬など)の漢字が新出漢字となるため、覚えにくくなります。

●漢字の基礎となるカタカナ文字の定着を図ります

・漢字ばかりに目を向けるのではなく、ひらがなやカタカナ、特殊音節などは理解しているかを把握。

●混同しやすいカタカナ文字は工夫して覚えます

し→シ　う→ツ

●部首学習をします

住＝イ（にんべん）＋主　根＝木（きへん）＋艮

・複雑に見える漢字は簡単な文字を足し算してできていることを理解させる。

●漢字足し算学習をします

田＋カ＝男　宀＋女＝安
耳＋又＝取　扌＋丁＝打
艹＋氵＋各＝落

●漢字の構成を分解して覚えます

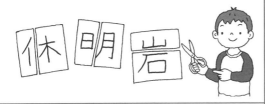

●意味づけして覚えます

おやは木の上に立って見てるんだよ　／　立・木・見　／　そっか

●絵にして覚えます

●唱えて覚えます

くるまにまたつちをのせても軽い

●動作化して覚えます

そら文字　　体文字　　ピカーッ

●作って遊んで覚えます

ねんどで作る

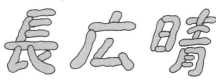

アドバイス

「くり返し書くことで丸暗記」という一般的な漢字学習スタイルでは学びづらい子もいることを理解します。一人ひとり学び方は違っていいという考え方が大切です。そのため、個別学習の場を保障してあげたり、その子どもに合った学び方をいっしょに探し、本人がそれを活用していけるよう支援していきましょう。

51 板書をノートに写すのが苦手です

　板書をノートに写すのに時間がかかり、うまく写せない子がいます。背景にある困難はさまざまです。
●記憶の困難がある
・黒板からノートに視線を移動するまでに、何を書くのか忘れてしまう。
・見た字をたくさん覚えていられず、何度も見たり書いたりをくり返し時間がかかる。
●目の使い方に困難がある
・黒板とノートの間の視線移動がうまくいかず、どこを見ていたかわからなくなる。
・黒板のどこを見ていいかわからず、書き写すべき場所がわからない。
●認知の困難がある
・画数の多い漢字や、表や図などの形がうまく捉えられない。
・見た物を再生する（書く）ことが難しい。
●注意の困難がある
・聞きながら書くなど、複数のことが同時にできない。
・ほかのことに気を取られて書き写すことができない。

● 記憶の困難がある子への配慮

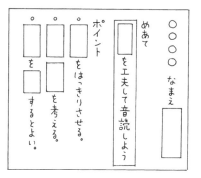

〔クラス全体〕
・言葉や文章は短く板書する。
・板書する量を小分けにする。

〔個別〕
・見本を手元に置く。
・穴埋め式にするなど、書く分量を減らす。

● 目の使い方に困難がある子への配慮

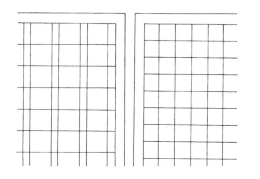

〔クラス全体〕
・注目するところを色分けしたり、枠で囲んだりする。
・行間をあけて板書する。

〔個別〕
・座席を見えやすい位置にする。
・マス目の大きいノートや、罫線のある用紙を用意する。

● 認知に困難がある子への配慮

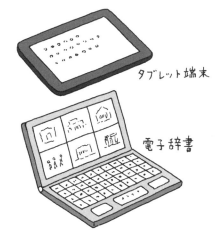

タブレット端末

電子辞書

〔個別〕
・使いやすい文具や機器を活用する。

● 注意に困難がある子への配慮

いまから話しますので手をとめて聞いてください

〔クラス全体〕
・教師の話を聞く時間と、ノートに書く時間を分ける。

いまはここを書きましょう

〔個別〕
・声をかけて促す。
・書くところをポインティングする。

> **ポイント**
>
> 子どもは、自分ではどこに苦手さがあるかに気づけません。注意されることが積み重なると自信を失い、ますます取り組むことができなくなってしまいます。字が乱雑でも、まずは書いたことを認め、書くことを嫌いにさせないことが大切です。
> また、自分の苦手と得意を知り必要な道具を選んで使うということは、大人になってからも必要なスキルですが、クラスのほかの子たちが不公平感を持ったり、支援を受ける本人が嫌がったりすることもあります。クラス全体に、「人にはそれぞれ得意なことと苦手なことがあり、苦手なことはサポートを受けてもいい」という雰囲気を作り、学習する機会は平等であることを教えていきます。

52 計算問題の位取りをよく間違えます

　算数の計算問題で、位取りをよく間違える子どもがいます。とくにかけ算やわり算の筆算は、頭のなかで計算した答えを、順番に従って桁を揃えて書くことが重要です。1つ1つの計算ができていても書く場所が異なれば正解にはなりません。

　書くべき場所に当たりをつけたり、手先を器用に使ったりすることが苦手な子どもは、位取りをよく間違えることがあります。揃えて書くように何度も注意されるのですが、いつのまにかずれてしまう子どももいます。自分では揃えて書いているつもりですので、「できた」と思っているのに正解できず、この状態が長く続くと自信を失ったり、学習意欲の低下を招いたりします。

　計算問題では正解か不正解かを見るのではなく、どうして間違ったのかという視点で子どもの答案やプリント、ノートを見ることが大切です。

●計算問題プリントやノートに計算する前に縦の線を書かせます

●テストの計算スペースは、罫線やマス目を書き入れておきます

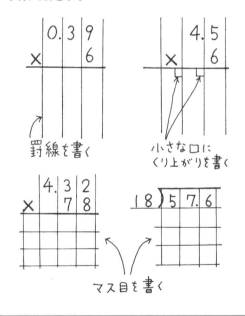

●計算問題プリントやテストをするときは、大きめの白紙に計算させます

・大きく書くことによって位取りの数字を離して書くことができ、間違えにくくなる。

ポイント

　パターンで覚えた子は、単元のまとめのテストはできても四則が混ざった問題になると何算にしていいかわからず問題を解くことができません。
　計算指導はやり方中心になりがちですが、なぜ正しく計算する必要があるのかということを伝え、指導するようにしましょう。

53 算数の文章題を読んで数式を立てることが苦手です

　計算は得意で結構できるのに、文章題になるとまったく手をつけられない子がいます。計算力はあっても式が作れないために「算数は苦手」という子は意外と多いものです。

　文章題が苦手という子どものなかには、算数以前に「文字を読むのが苦手」で、国語の音読も苦手にしている子が多くいます。面倒な文章のところを読み飛ばして数字だけを拾って式を作って答えたりします。

　また、論理的に考えることが苦手なために、問題文の意味が理解できずに式を立てることができない子も多くいます。問題の場面がイメージできずに、手がかりとなる図や挿絵がないと、数をどう操作すればいいのか考えられない子もいます。記憶力が弱いために、問題が何を求めているか見つけられず、何度も最初から読み直している子もいます。

● 問題文を黒板に図示します

・図やイラストを使うと視覚的に捉えやすくなる。

● 視覚要点やキーワードに印をつけながら問題文を読むように指示します

● 文字を読むのが苦手な子には、教師が問題文を読み上げます

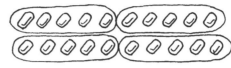

・内容の理解を補助する。

● 記憶力の弱い子には、文章のポイントを図や絵に描いて示します

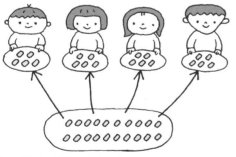

・読んだ内容が忘れにくくなる。
・図で場面の状況を理解させるとわかりやすく、式が立てやすくなる。

● 演算決定のためのキーワードを教室に掲示しておきます

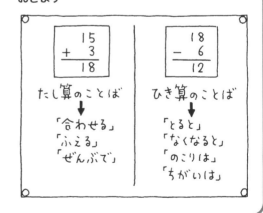

アドバイス

答えの単位も書き忘れたり間違えたりすることが多いので、「何を求めているのか」の部分に印をつけて見直す習慣をつけておくとよいです。

54 自分の描きたいものや作りたいものがすぐに思いつきません

　「好きな絵を描きましょう」「想像して描きましょう」「○○を自由に組み合わせて、デザインしましょう」など、図工の時間の学習課題は、想像力に弱さがある子やイメージを持つことが難しい子にとって、大きな壁になります。

　意識があちこちに飛びやすい子のばあいは、描きたいもの、作りたいものがどんどん浮かんでくるので、描いては止め、作っては別のものに変えるなどして、まとまっていかない姿をよく目にします。

　また、「本物のように描きたい」「こうでなくてはいけない」といったこだわりを強く持つ子は、イメージした作品と自分の技能の差に苦しみ、イライラした気持ちを募らせているばあいもあります。

　周囲のみんなが楽しそうに活動するなか、できない自分にいらだち、自己肯定感が下がっていきます。

● 「何でもいい」「自由に」という声がけでは、どうしたらよいかわかりません

● イメージを持つことが難しい子には、写真や絵などを用意します

・事前に、本人が興味のある写真や絵などを用意しておく。
・本人と話しながら、構図や設計図などを大まかに教師が示してあげる。

● イメージが浮かびすぎてしまう子には、リストに書かせます

・作りたいものをリストに書き、そこから今回作るものを選んでいく。
・つぎの単元の材料になりそうなものはそちらに回すなど、具体的に見通しを与えてあげる。

● 描きたいのに思うように描けない子には、お手本を見せます

● できあがりにこだわりを持つ子には、適切なイメージを具体的に示します

・教科書やほかの作品を見せ、「これでいい」という適切なイメージ示す。

アドバイス

　自由度の高い活動ほど困ってしまう子どもたちがいることを、心に留めておきましょう。創造性を大切にする図画工作科ですが、そこを要求しすぎると、子どもを混乱させ、活動の意欲を失わせていくことにつながるばあいがあります。
　その子どもに合ったヒントや支援が具体的なものになると、図画工作科本来のねらいから外れていくように感じるかもしれません。しかし、子どもたちの活動の意欲を保ち、自己肯定感を高めていくためには、具体的な支援が必要であるという意識を持ちましょう。

55 文章を書くことが苦手です

　文章を書くのが苦手な子は、多くの学習場面でつまずきがみられます。読書感想文が書けない、観察日記が書けない、校外学習のまとめが書けない、卒業文集が書けないなど、悩みは尽きません。
　苦手さの要因は、以下のようなことが考えられます。
・記憶の想起ができない　・語彙・表現力が不足している
・字を書くことが難しい　・構文ができない　・文の組み立て方がわからない
　また、主に以下のようなことで悩んでいます。
・できごとを思い出せない　・言葉が思い浮かばない
・文字を正しく書けない　・助詞の使い方がわからない
・どう書いていいかわからない　・文の続け方がわからない

●教師が手がかりを与え、言葉を引き出します

・絵・写真・具体物を見ながら思い出させる。

●マインドマップで思いや考えを表現します

●話したことを、メモにします

●キーワードや単語を足して作文を作ります

① ねこ, たべる, えさ
　ねこはえさをたべた。

② いもうと, こぼす, アイスクリーム
　いもうとはアイスクリームをこぼした。

●4W1Hで整理します（いつ、どこ、だれ、なにをした、どうだった）

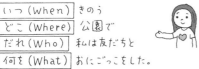

いつ（When）	きのう
どこ（Where）	公園で
だれ（Who）	私は友だちと
何を（What）	おにごっこをした。
どうだった（How）	ころんでひざをすりむいた。

●接続詞を使って、作文リレーをします

せつぞくし
そして、また、それで
しかし、そのあと、
じつは、それなのに、
そこで、すると

① がっこうに行きました。
② するとねこがいました。
③ じつはそれはすてねこでした。
④ そこで先生にいいました。
⑤ そのあと先生はひろってくれました。

・二人一組になり、接続詞を使って各自が一文ずつ書いてリレーをする。

●感想文のパターンを広げます

むねがワクワクしました	元気が出ました	さいこうのきもちです
また行きたいです	楽しかったです	もっといたかった
いまも思いだします	おもしろかったです	なんていいところなんだろう

●アンケート作文で、時系列に沿って、必要な情報をまとめます

① そのときどんな気持ちでしたか。
　とてもはずかしかったです。
② まわりの人はどうしましたか。
　友だちが声をかけてくれました。
③ なんていったんですか。
　「だいじょうぶだよ」

・作文を書く前に教師が作成したアンケートに取り組ませる。回答をつなぎ合わせると作文になるようにする。

●穴埋め作文で、文の組み立てを教えます

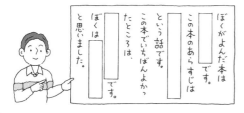

●「はじめ・なか・終わり」や「起・承・転・結」を理解させます

はじめ ないようをまとめる
なか かんそうを書く
おわり これからどうするかじぶんの考えを書く

ポイント

・苦手な子が文を書く際は、まずは、教師がいっしょに話し合い、段階を追って支援します。
・お手本を提示するなど、イメージを持たせましょう。
・個別的な支援を得ながら、「できた」という成功経験を作りましょう。

56 物事の手順や段取りがなかなか覚えられません

　注意集中のコントロールがうまくいかず、注意の持続が難しいために、物事を継次的に時系列で処理することが苦手な子がいます。目の前にあることで思いついたらそのことを先にしてしまうので、段取りよくできません。気がそれやすく、思いついたことや見えたものなどに注意が移ってしまいます。そのため、情報が多いと手順を考え段取りよく処理できないので、結局できずに終わってしまうこともあります。

　また、言語理解の弱さから手順の意味を理解できずにうまくいかないこともあります。

　手順や段取りがなかなか覚えられないために、整理整頓ができず片づけが苦手だったり、優先順位が決められず大事なことが後回しになって、やらなければならないことができなかったりして困ることもあります。

●手順を板書しておきます

課題：次の手順で作品を作りましょう
①自分が作りたい形・デザイン（色・模様）を決める。
②必要な材料と道具を用意する。
③形を作る（はさみ、のり、テープなど必要な道具を使う）。
④色や模様を描く（絵具、折り紙などを使う）。
　★必要なものは机の上に出し、必要でなくなったものはしまいながら活動をする。
⑤全体を見ながら直す。
⑥片づけをする。

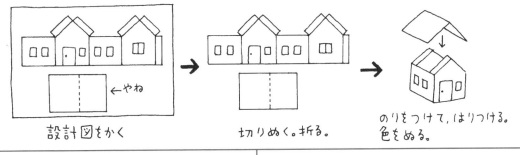

●必要な道具、用具を置く場所をはっきりさせます

・余計なものが机の上に乗っていない状況にする。

●言語理解が弱い子へは短い言葉で示します

・明確な指示でやり方・手段を示す。

> **アドバイス**
>
> 　つぎの手順に気を取られて作業が進まないばあいは、情報を少しずつ与えます。手順をカードにして提示し、1つの課題を遂行できたらつぎの課題に移していき、目標を遂行できるようにします。
> 　活動の内容によって使う道具は決まっています（色をぬるときは絵の具やクレヨン、形をつくるときは型やはさみなど）。用途に合わせて必要な道具を用意し、片づけるというパターンを何度も行ない、段取りの仕方を教えていく必要もあります。①準備②活動③片づけがわかることが大事でしょう。スモールステップで、できた経験を積み重ねていきましょう。

57 グループ学習で自分の役割がわかりません

　グループ学習で自分のやることがわからなくて困ってしまうばあいには、つぎの点に注意して様子を見ましょう。
①暗黙のルールがわからずに困っている。
②意思決定の弱さから、自分から何をしていいのかがわからない。
③何でもやりたがってしまい、友だちからも嫌がられてしまう。
　グループ学習にはいろいろな形のものがあります。たとえば、調理実習のばあい、ゴールをめざしてそれぞれの子どもたちが役割を分担しながら活動を行ないます。しかし、なんとなく作業が進んでしまい、そのまま何もできずにいたり、グループの輪に上手に入れなかったりして困っていることがあります。

● 声かけだけでは、つぎの行動に移れません

「Aさんもちゃんとがんばってやってね」

「でも何やったらいいかわからない」

・やることがわかっていない。

● 役割が明確になるようなワークシートを用意します

ワークシート

やくわり		メンバー
ごはん	お米を計る、とぐ、たく	A
みそ汁	材料を切る、にる	B
ちくぜん煮	材料を切る、味つけ、にる	C、D
道具	道具用意	E

「わたしみそ汁やりたい」「ぼくちくぜん煮」

・高学年は自分たちで役割を決めることもできる。

● 役割カードで役割を決めます

やくわり				
A	B	C	D	E
ごはん	みそ汁	ちくぜん煮		道具

「引いて」 役割カード 「Bだ！」

・カードを用意しておき、グループのなかでそれぞれカードを引かせる。
・黒板にA〜Eまでの役割を書いておき、自分の役割がわかるようにする。

ポイント

　グループ学習は、社会の調べ学習、国語の劇や音読発表会に向けた練習、家庭科の調理実習や算数の課題解決学習などいろいろな場面であります。担当を事前に決めておくようなワークシートがあると、役割が明確になります。やることがわからず、まわりの友だちから注意されて落ち込んでしまうといったことも減ります。また、何でもやりたがる子も、役割を明確にすることで、みんなで分担するという意識を持てるようにしましょう。

58 寄り道をして遅刻をしたり、帰宅時間が遅くなったりします

　登校の途中で、アリの行列を見つけた男の子が、アリの動きをずっと観察していたために登校時刻に間に合いませんでした。このような行動は、低学年の児童にしばしば見られます。興味のあることに意識が向いてしまい、つぎの行動に移れなくなるのです。途中に石を置けば、行列の流れが変わるので、楽しい遊びがはじまります。時間を忘れ、登校時刻に遅れてしまったり、下校時であれば帰宅が遅くなったりします。
　子どもたちの通学路には、興味を引くものがたくさんあります。警察署や消防署のパトカーや消防車、家で飼われているイヌやネコ、池で泳ぐコイや金魚。なかでも、生き物は子どもたちの目を惹きつけ、やらなければいけない行動を忘れさせてしまいます。学校内にある飼育小屋で、いつまでもうさぎや小鳥を見ていて教室に戻れない子もいます。

●遅いことを叱責しても夢中になってしまう特性は変えられません

●朝来て行なう役割を与えます

●ポイントカードを作成して、できたときにシールを貼ります

・自分の成果を視覚で確認させる。

●保護者と連携してサポートします

・いつも寄り道する場所で保護者に待機してもらい、「3分間にしようね」とタイマーで時間を伝える。

アドバイス

　決められた時刻に登校するメリットを本人に理解させることが大切です。また、成果は保護者と共有しましょう。子どもは学校と家庭の両方でほめられ、つぎへの意欲につながります。
　学校内の飼育小屋で寄り道をしていたら、担任が出向いて声をかけることもできますが、級外の教師にも声かけをお願いするなど、学校で連携して取り組みましょう。

59 朝、学校に来てもランドセルを片づけずに遊んでいます

　授業がはじまる前の朝の時間は、クラスのみんなが一斉に活動するほかの時間とは異なり、学校に着いた順に、各自が活動しなければなりません。みんながそれぞれ違う行動をとっているため、どうしたらいいのかわからない子がいます。

　片づける手順を自分で考えるのが苦手だったり、やらなければならないことがイメージしにくい子は、混乱してぼんやりしていたり、別のことに気を取られて行動が中断したりすることがあります。

　家とは違い「友だち」という刺激がいっぱい入ることから、注意のコントロールが利かなくなり、みんなの声や動きに気持ちが奪われて、やるべきことをやれない状態になってしまう子もいます。

● 片づけの手順を視覚的に示したものを提示します

・毎日同じように取り組むことができるよう、大型のカードにして提示する。
・片づけた後の行動も示しておく(読書、ドリル、着替えなど)。
・その日だけの持ち物、予定に関わることは、☆印をつけて、黒板に書く。
・持ち物があるばあいは、その置く場所も、明確に示す。

● クラス全体で、手順に従って行動する習慣をつけていきます

● できたらごほうびシールなどを活用してほめます

・片づけが定着するまでは、手順に沿ってできたら視覚的にほめる工夫をする。

ポイント

片づけの後の活動は、読書、朝学習など、自由遊びにならないようなものにしていきます。「朝の時間は、休み時間ではない」ということが習慣化していくことをめざしましょう。

60 雨の日、傘がうまく扱えません

　傘をうまくたためない、傘をすぐに壊してしまう、傘をさしているのに濡れてしまうなど、傘の扱い方が苦手な子どもがいます。

　注意・集中するのが苦手な子は、手に持って歩いているので、ついつい乱暴に扱って壊してしまいがちです。友だちと悪ふざけをして、ケガをすることもあります。

　不器用な子は、濡れないように傘の位置を調整したり、ほかの人にぶつからないようにすることが難しいばあいがあります。また、傘を開くとき、押しながら引っ張る、引っ張りながらたたむなど、両手で別々の動きの組合せがあるため、うまくできないばあいもあります。

　傘は毎日使用する物ではありませんが、指の微細な動かし方、手の延長として扱う調整力など、多くのスキルを必要とします。低学年のうちに扱いに慣れておきます。

● ボディイメージをつける練習をして自分の体の動かし方を学びます

- 鏡やビデオで自分の体の細かな動きを確認する。
- 教師のいろいろなポーズを真似したり、友だち同士で真似し合ったりする。
- 「止まれ」の合図で体を止める動きを練習する。
- 両手両足それぞれが違った動きを練習する。
- バランスをとる動きを練習する。

● 傘を正しく使えているか細かく分析します

〈分析項目の例〉

傘の柄を持って歩く	○
傘を開く	○
傘を閉じる	×
傘立てに入れる	×

- 傘を開き、さしながら歩き、傘を閉じて片づけるという一連の動作をどこまでできるか、チェックリストを作成し確認する。
- できていない部分は一つずつ改善できるように練習する。

● 傘の扱い方やマナーを学ぶゲームをします

- 雨の日の機会に、体育館でボール運びリレーなどゲームを楽しみながら、扱い方やマナー（濡れたままにしない、先端を人に向けないなど）を学ぶ。

● 保護者と連携します

- 雨の日は車で送迎する保護者もいるが、あえて歩いて登下校するようお願いする。
- 休みの日に雨が降ったら、いっしょに練習するようにしてもらう。このとき、できなかったことを注意するのではなく、できたことをいっしょによろこび合うことが重要ということを伝える。

ポイント

　ボディイメージをつけ、いろいろな動きを経験したり、練習したりすることは、鉛筆や箸の持ち方、走り方など、不器用さからくるほかの困難さの改善につながります。

　記憶や注意・集中が苦手な子どもは、傘をさして学校に行っても、下校時に雨が降っていないと、傘のことをすっかり忘れてしまいます。雨の日はランドセルや連絡帳に「傘マークのシール」を貼る、下駄箱付近に傘を忘れないような掲示をしておくなど、子どもが自分の目で確かめられる工夫をします。注意されなくても忘れなかったという自信を増やしてあげましょう。

61 ルールが守れず、自分勝手に行動してしまいます

　学校生活にはたくさんのルールがありますが、そのルールをなかなか守れずに、集団行動を乱してしまう子どもがいます。

　授業中なのに、教室を出て行ってしまう子、みんなが整列して移動しているのに自分1人で歩く子、そうじや給食の配膳のルールを守れない子など、いろいろな子どもがいますが、理由は大きく分けると2つ考えられます。

＜うっかりタイプ＞指示や要求されていることへの理解が不足している
　・指示の聞き落としや聞き間違いが多い（情報への注目の困難）。
　・自分なりに情報を捉えてしまう（思い込み）。
　・まわりがどのような動きをしているか気づけない（状況の把握の困難）。

＜かまってタイプ＞間違ったコミュニケーションを身につけている
　・友だちの注意を引きたい。
　・担任の教師に注目してほしい。

　理由によって、対応は違ってきます。

うっかりタイプ	かまってタイプ
●指示を出す前に予告して、注意を引きます	●自分1人で対応しようとせずに、校内のほかの教師に協力を依頼します 
●席を教師の前にして、情報が受け取りやすいようにします	・教室を出て行くなどの行動があまりに続くと、授業も遅れてしまう。
●たくさんの指示を一度に出さず、短くはっきりと伝えます 	●落ち着いて教室に戻ってこられたら、ほめ、その行動を強化していきます 
●活動の指示を板書するなど、目に見える形で残します	●どんなときに出て行くか、どれぐらいの時間なら集中して取り組めるかをアセスメントします 
●いま何をするべきかの状況を判断できるよう、まわりに注目するよう促します	・ふだん10分経つと出て行くようなら9分ぐらいのところでほめて、集中できる時間を延ばす。 ・「がんばる→ほめられる」という正しい注目のされ方に変えていく。

アドバイス

　うっかりタイプのばあい、わざとではなく、頑張っていてもうっかりしてしまうのだと捉え、あまり叱責しないようにしましょう。

　かまってタイプのばあい、子どもの表面的な行動だけに捉われていると、ほかのちゃんと頑張っている子どもたちも落ち着かなくなってしまうことがあります。「勝手にしなさい」と見捨てるのではなく、あくまでも「頑張っていればちゃんと教師が見ていてくれる」と子どもが感じられるような関わりを心がけましょう。

62 列に並んでいると友だちにちょっかいを出してしまいます

　朝会や集会で列に並んでいるときに後ろから友だちに話しかけたり、背中を突いたりしてちょっかいを出してしまう子がいます。はじめは友だちも楽しくなっていっしょに話していましたが、教師に注意をされるようになってからは、話しかけられても相手にしないようになりました。しかし、ちょっかいはエスカレートしていき、まわりの友だちもうんざりして困っています。教師が厳しく注意をすると「ごめんなさい、もうしません」といって少しの間は反省していますが、すぐに友だちにちょっかいを出す行動をくり返してしまいます。

　朝会などで列で並んで待つということは、多くの子どもにとって辛い時間です。なかには、待つのがとても苦手で、自分の衝動をコントロールする力が弱い子がいます。反応してくれる友だちは格好の遊び相手になります。また、担任の注意すら、朝会の辛さから回避できるよい暇つぶしになっているかもしれません。

● 注意ばかりだと子どもの気持ちが離れていきます

「何回いったらわかるの？ いい加減にしなさい！」

「また、怒る！ どうせ ぼくは、悪い子なんだ。もう、怒られてもいいや！」

・「子どもが何かまたやるんじゃないか」という意識が働いて、つねに子どもを監視していませんか。

● 子どもの様子を客観的に観察し、行動を分析します

・Nくん以外にはちょっかいを出さないね。
・朝会が始まるのを待つ時間に落ち着かなくなるね。
・校長教師の話のときに飽きてくるようだね。

・どの子にちょっかいを出すのか？
・どのぐらいの時間なら落ち着いていられるのか？
・ちょっかいを出さない状況はあるか？

・学年の教師やコーディネーターなど複数で観察する。1人では思いつかないような子どもの見方が生まれる。

● 子どもを取り巻く環境（人・時間・内容）を工夫します

あと5分で終わるよ

・事前に会の流れの見通しを持たせる。
・並び方を変えてみる。
・気持ちが切れる前に声をかける。
・登壇する先生に子どもが聞きたくなる話をしてもらう。

● 自分で行動をコントロールする作戦

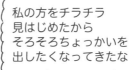

私の方をチラチラ見はじめたからそろそろちょっかいを出したくなってきたな

・ちょっかいを出したくなったら、教師にサインを出させる。できたときはほめ、ポイントをつける。
・ポイントはクラスのポイントとし、クラス全体で取り組む。

ポイント

子どもにとって、教師がただ注意する存在になってしまうとなかなか話を聞いてくれません。子どものいい分も聞きながら、しっかりと信頼関係を再構築します。

63 危ないことを好んでします

　窓から身を乗り出したり、高い所に上ったり、急に走り出して人や物にぶつかったりして、けがをよくする子がいます。まわりの子どもたちは「またかよ」とあきれています。巻き込まれてけがをしてしまう子がいると、クラス全体が「あの子はダメな子」という空気になってしまいます。

　そういった子は、勉強をしていても窓の外が気になって窓の方へ行ってしまったり、音が気になって音の方ばかり見ていたり、遊んでいても違うことを思いつくと別の遊びを突然はじめてしまったり、といった行動もよくみられます。本人もいけない行動だとわかっていますが、考えるより先に体が動いてしまうのでやめられません。

　危険な所に上ったり、人の体を強く叩いたりするばあいは、体のバランス感覚が低いことが考えられます。バランス感覚が低いと、さまざまな学習や生活の場面で、本人は気づかずに危ないことをしてしまうことがあります。

> アドバイス
>
> 　危険なばあいは、まず安全確保が第一です。急に大きな声で呼びかけると驚いてしまい、より危険なことになってしまうことがあります。落ち着いた声ではっきりと名前を呼ぶことで「自分のことだ！」と意識し、注意を向けさせることができます。「はっきり」「短く」「具体的なよい行動」を、厳しい口調で伝えることが大切です。決して笑ったりしてはいけません。
> 　また、体のバランス感覚が低いと、勉強中や食事中などの姿勢がくずれたり、ボール遊びでボールを見失ったり、カルタ遊びでカードを見比べたり見渡したりが苦手なこともあります。ストレッチ体操や体のさまざまな筋肉を使う遊びを取り入れてみましょう。ジャングルジムやブランコ、トランポリンなどの遊具を通じて、宙に浮いたり静止したりする感覚や、カード遊びで目を使う体験をしたり、家庭では、お風呂そうじや雑巾がけなどのお手伝いを通じて、体作りをします。

64 休み時間はいつも1人で過ごしています

　休み時間は、子どもたちにとっては友だちと思い思いに楽しく過ごせる時間です。でも、いつも1人で過ごしている子がいます。授業は取り組む内容や活動がはっきりと決められ、教師が指示や指導をして進められています。一方、休み時間は、何をするのかはっきり決められているわけではありません。約束やルールを守れれば何をしてもよい時間です。

　教師にいわれたとおり校庭に出てみても、たくさんの友だちが遊んでいてさまざまな声や音があふれていたり、勢いよく走っていたりして、刺激を受けやすい子にとっては苦痛かもしれません。いまは1人で過ごしているけれども、本当は友だちと遊びたいと思っている子、友だちと遊ぶとけんかやトラブルが起きてしまい1人で遊ぶしかないと思っている子、1人で遊ぶ方が心が安らぐ子など、特性だけでなく、これまでの育ちや経験からさまざまな思いを抱いているでしょう。

●まずは教師との関係づくりをしていきます

> Aさん、いま何しているの？

> 外で何していいかわからなくて、絵を描いているんです

> え～そうなんだ。すてきな絵だね。今度、もっと描けたら見せてよ。友だちにも見せてみない？

> よーしもっとていねいに描くぞ！

・その子のよさを受け入れることで信頼関係を築く。
・教師が、友だちとの関係を築くきっかけを作る。

●クラス全体で、具体的な休み時間の過ごし方を出し合います

> AさんとBさんは校庭でおにごっこするんだって。いっしょに遊んでみれば？

・休み時間の前に「どこで」「何を」するのか聞いておき、声をかけたり仲間に入ったりできるようにする。

●安心して過ごせる場所を相談しながら決めていきます

> 中庭ならおにごっこも少ない人数でできるね

・刺激を受けやすい子のばあい、まずは、刺激の多い校庭ではなく、図書室の一角や中庭などにする。

●事前にいっしょに遊ぶ友だちとルールや約束事を確認しておきます

> おにごっこは3秒タッチしたら交代だよ

・けんかやトラブルが起こりそうな場面を把握し、未然に防げるよう見守る。

●共通の興味がある友だちとのつなぎ役になります

> Bさんも本が好きみたいだよ。いっしょに図書室に行ってみたら？

・日頃から、「クラスで1人で遊ぶ」ことも認め合えるクラス作りをする。

アドバイス

　一見同じ行動でも一人ひとりの思いはさまざまです。集団生活なのだから「しなければならない」と一律に指導するのではなく、背景や思いを丁寧に見取ったり、聞き取ったりすることが大切です。
　思いを聞き取ってくれる教師や、それを認めてくれる友だちがいるという安心感が、いつか友だちと楽しく遊ぶことにつながることを信じていきましょう。

65 休み時間が終わっても、すぐに教室に戻ってきません

　休み時間の終わりを知らせるチャイムが鳴っても、教室に戻ってくることが難しい子がいます。はじめから授業に参加できないということは、本人の貴重な学習の機会を逸するということだけでなく、授業の進行に影響があったり、クラスの規律を乱したりということで、友だちから自分勝手なやつと思われてしまう恐れもあります。

　すぐに教室に戻れない子は、熱中している物事を途中でやめることに対し、強い抵抗を感じているばあいがあります。チャイムにしても教師や友だちの声かけにしても、「終わり」という突然の指示は、理不尽なものとして聞こえているのかもしれません。また、ここで終わりにするという判断がつかないばあいも考えられます。時間という目に見えないものを意識して行動するということは、とても難しいことです。

●強引に連れ戻しても子どもにとっては理不尽なだけです

●対応をしないで見守るだけでは、自分の問題行動に気づけません

・クラスの規律が乱れ、ほかの子にも悪影響を与える。

●休み時間の前に終わりの時間を確認しておきます

●「学校のルール」として教えます

ポイント

- 教室に戻れたら、必ずほめてあげましょう。子どもが、「時間で終わる」という終わり方のパターンを身につけることができるように、成功体験を積み重ねていくことが大切です。
- 「Kさんは特別だから許してあげようね」などという言葉は、本人の自尊感情を傷つけてしまう可能性があるだけでなく、子どもたちの間に不公平感を与えかねません。時間を守って行動できている子どもたちはみんなほめてあげましょう。
- ノーチャイム制の学校では、音声による弁別刺激（チャイム、音楽）がないため、はじめと終わりがわかるように、子どもの実態に応じた支援の仕方を工夫します。

66 体育着、上ばき、白衣、水着などの始末がうまくできません

　小学校に入ると、与えられたスペースを活用して多くの物を管理すること、活動に合った服装に短時間で着替えることが求められます。体育着、白衣、水着は片づけの方法や場所が異なっており、自分の力で着替えができていても片づけがうまくできないことがあります。以下のような原因が考えられます。
・不器用で作業に時間がかかる。
・時間の感覚が弱く、みんなとペースが合わせられない。
・動作や手順を覚えるのが苦手で、活動の見通しが立てられない。
・集中が持続せず、ほかのことに気が向いてしまう。
・場所や位置の認識が弱く、片づける場所が覚えられない。
・体の大きさ、物の大きさなど大きさや広さの認識が弱く、作業に必要なスペースが確保できない。
　たくさんの友だちと同時に、短時間で着替えて物を上手に片づけることは難しいことですが、できて当たり前と見なされ、まわりの友だちと同じようにできないととても傷つきます。

● 手順や作業のチェックリストを見える場所に置きます

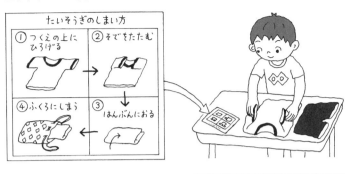

● 片づけの場所をわかりやすく示します

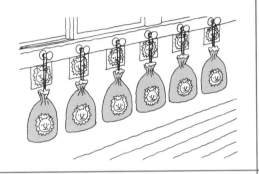

● 小さなスペースで作業ができるように練習します

・ビニールシートを敷いて、その上で着替え、たたむ、しまうを行なわせる。

● 手本となる子を見ながらやらせます

● 最後に落とし物がないかチェックする癖をつけさせます

アドバイス

- 指導の順としては、たたむ物は、「小さなもの」から「大きなもの」へ、作業のスペースは、「大きなスペース」から「小さなスペース」へ、チェックリストや手順表は、「目で見て確かめられるもの」から「簡単な言葉」に、たたみ方は、「床に置いて全身を使う」から「空中でお腹や体を支えに」、作業のペースは、「ゆっくり時間をかけて」から「決まった時間でできるだけ速く」とステップアップするとよいでしょう。確実に始末がつけられると、落とし物や忘れ物も減って、つぎの活動にスムーズに入れることを伝え、重要な課題であることを本人にも理解させましょう。
- 白衣は子どもたちがたたむには大きく、水着は濡れていて処理が難しいものです。白衣のたたみ方は、教師が何度かやってみせます。水泳の後はプールサイドで髪の毛、体をしっかり拭かせて教室に戻るよう指導をします。苦手な子がいるときも、丁寧な指導を組み込めばクラス全体が混乱しません。

67 いつも机の上が散らかり、机のまわりには物が落ちています

　机の上が散らかっている子は、必要なときに必要な物を準備できないなど、学習活動にも支障をきたします。まわりからは、「だらしがない子」「面倒のかかる子」「汚い子」と思われ、対人面へも影響を及ぼします。
　要因としては、以下の点が考えられます。
・気が散りやすく、片づけられない(不注意)。
・行動の組み立てができない(プランニング)。
・面倒くさがる、片づけまでしない(多動性)。
・片づけ方がわからない(空間認知、手立ての未習得)。
・動作が遅い(処理速度)。
・きちんとたたんでしまえない(不器用さ)。
・片づける習慣が身についていない(片づけの未習得)。

●机の上の使い方を視覚的に示します

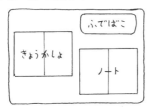

●机のなかの使い方を視覚的に示します

●教科書ノート類を教科ごとにまとめます

・ゴムバンド、チャックつき透明の袋などを利用する。

●紙袋を机の横にかけておき、「とりあえず置き場」を決めます

・週末にそれを持ち帰る、整理するルールにする。

●プリント類を入れる場所を決めます

・連絡帳の外側にクリアファイルを貼り、配布されたお便りや返却されたテストなどを入れる。
・チャックつきは手間がかかるので、透明のクリアファイルがよい。プリントを折る手間がかからない大きさにする。

●筆箱のなかの置き場所を決めます

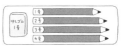

・鉛筆1本ずつに名前(黒木くん、赤井さんなど)や数字を記し、愛着を持たせる。子どもが興味関心があること(乗り物、キャラクター、歴史上の人物など)にすると、大事にする意識が高まりやすい。

●持ち物を出す時間、しまう時間を設定します

・各授業ごとに、クラス全体で、わかりやすく設定する。

●道具ケースをランドセルのなかにそのまま入れられるようにします

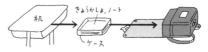

・机の中の道具をケースに入れておく。
・ケース箱は、100円ショップなどでランドセルに入る大きさのものを探す。

●自分の机を見直す「整理整頓タイム」を設定します

・クラス全体で、1週間に1回、3分間と決める。
・クラスの係活動に、「落とし物係」「クリーニング係」を設定して意識づける方法もよい。

●教室そうじにも、自分の机を整理する時間を設定します

ポイント

・「たかが机、されど机」です。学校生活で一番身近である学習環境である机まわりは、子どもの生活面、学習面、行動面、対人面に影響を及ぼします。
・できない子だけの問題にしないで、クラス全体で取り組みを共有しましょう。

68 ロッカーの整理が苦手で、物が落ちてしまいます

　整理が苦手な子のロッカーは、押し込まれるように物が入っていることが多く、出し入れも大変で、なかから物が落ちてしまうこともよくあります。
　空間認知の弱さがある子は、物の大きさの見当をつけることが苦手なため、入りそうもない隙間に押し込んでみたり、明らかに大きいものをロッカーへ突っ込んで、はみ出したままだったりという状態になりやすくなります。また、何をロッカーにしまって、何を机にしまえばいいか、見通しが持ちにくい子も、ロッカーにいろいろなものを押し込むようになり、同じような状態になると考えられます。
　さらに、片づけるのが苦手という特性を持った子は、ロッカーが低い位置にあるとしゃがんでしまわなければならず、負担感が増すため、ロッカーに放り込むという状況になりやすくなります。

●実際にロッカーにどう入れるかを視覚的に教えます

・慣れるまでいっしょに整理してあげる。

●それぞれの荷物をどこにしまうのか教師が決めてあげます

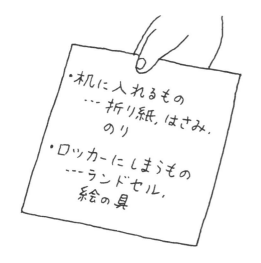

・学校で必要な持ち物は限られているのであらかじめしまう場所を示しておく。

●1つの袋にまとめ、それ自体を出し入れさせます

・片づけが苦手な子のなかには「面倒くさい」という思いが人一倍強いばあいもあるので、ワンアクションで管理させる。
・はじめのうちは、取り出した袋から必要なものを選ぶ作業をいっしょに行なう。

アドバイス

　個人への対応だけではなく、クラス全体への対応として、「何を」「どこに」「どうやってしまうのか」を視覚的に確認する方法はとても有効です。学校によっては、学校全体のスタンダードとして、統一しているところもあります。ちなみに、ランドセルを横に倒すようにして入れると、スペースが有効的に使えます

　ロッカーの数に余裕があるばあいは、一番下のロッカーは、クラスの物をしまう場所として、子どもたちのロッカーとしては使用しないという方法も考えられます。

生活面のよくある「困った」 143

69 つぎの日の学校の準備が自分でできません

　つぎの日の予定や持ち物を伝えても、いつも持ち物が揃わず、「あー、忘れてきちゃった」「持ってきてないよ」と、いう子がいます。そのたび、教師に注意されても、忘れ物は減りません。家庭でも、自分でやらない子どもに代わって保護者が準備しなくてはならなかったり、自分でやらせようとすると何度も注意しなくてはならなかったりと、なかなかうまくいきません。準備ができない理由は、以下のようなことが考えられます。
・予定や持ち物をメモできない。
・家に帰ると忘れてしまう。
・準備するという行動への切り替えが難しい。
・準備の方法がわからない。
　つぎの日の準備をするという漠然とした課題を分析して、方法や順序を明確にする必要があります。やるべきことをわかりやすく整理して提示します。

●つぎの日の予定と持ち物シートを作成します ○月○日(火) チェックすること じかんわり / チェック / もちもの / チェック 1. こくご / / えのぐセット / 2. さんすう / / れんらくちょう / 3. ずこう / / ハンカチ / 4. ずこう / / ティッシュ / 5. おんがく / / /	●連絡帳を書く時間を決めます 
●教室の横にホワイトボードをセットし、つぎの日の時間割と持ち物を掲示します 	●「明日、これだけは必ず持ってくるアイテム」を決めて、クラス全体で取り組みます 
●なぜ忘れてしまうのかを自分で考え、報告させます  ・自分の課題をまわりと共有することで前向きに取り組む姿勢を育てる。	●帰宅後のスケジュールを作成し、家の見やすい場所に貼ります 

アドバイス

　つぎの日の準備をできるようにするためには、家庭との連携が重要です。帰宅後、やるべきことをどのような順番でするのか、家の机まわりの環境をどのように整えるのかなど、保護者とよく話し合って決めましょう。
　そして、子どもが準備をしようと自ら行動したときや、自分で準備ができたときには、その場でほめることの大切さも保護者に伝えましょう。学校でも、持ち物を持ってこられたときには、たくさんほめるなど、「準備をするといいことがある」という経験を子どもが重ねられるようにしましょう。

70 係活動、当番活動を忘れてしまいます

　学級で決められた係活動や当番活動を忘れて遊んでしまったり、帰ってしまったりして、友だちから「さぼった」「ずるい」と非難されてしまう子がいます。役割活動をしないで非難されることが続くと、クラス全体でその子を非難する雰囲気ができてしまい、いじめの原因となってしまうこともあります。

　子どもによっては、「忘れてしまった」ことを認めず、「めんどくさいからやらなかった」「別にいいじゃん」とさらに周囲の非難を浴びるような発言をしてしまう子もいます。以下の特性が考えられます。

・「帰ること」しか覚えていない（記憶の問題、衝動性）。
・予定を覚えていられない（記憶の問題）。
・まわりの様子が見えない（状況理解）。
・間違いを指摘されることへの拒否感（感覚の過敏）。
・思ったことをすぐにいってしまう（衝動性）。

● 係活動、当番をクラスに掲示します

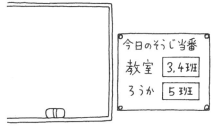

● 朝の会、帰りの会で係や当番を確認する場面を設けます

● 毎日の係や当番を確認する役を本人にさせます

● 役割分担を当番全員で共有します

・ほうき、ふきそうじなどの役割を明確にしておく。

●「今日の当番カード」を作ります

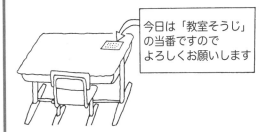

●「今日はそうじ当番だね」と声をかけます

・係活動が定着していない時期には、係活動の直前に声がけをする。

● 忘れずに当番ができたときはほめます

● できた日はカレンダーに○をつけて評価します

日	月	火	水	木	金	土
			1	2	3	4	5	6
7	8	⑨	10	11	⑫	13
14	⑮	16	17	⑱	19	20
21	22	㉓	24	25	㉖	27
28	29	30	㉛			

・当番活動を自分がどれくらい実施できたかカレンダーなどでふり返る。

ポイント

・忘れがちな子どもだけではなく、当番全員に向けた視覚的支援が必要です。
・当番全員がクラスや学校全体のための役割活動に達成感を持てるようなほめ方(「助かった」「ありがとう」)を心がけます。忘れがちな友だちへの批判が強まらないようにすることも大事です。
・忘れがちな子どもの得意な仕事があれば、「期待しているよ」という雰囲気を作り、達成させることで自信を持たせてあげましょう。

生活面のよくある「困った」

71 静かに待つことができません

　給食の準備や授業の切れ目など、ちょっとした時間の過ごし方がわからずに自分勝手な行動をとってしまう子がいます。学校生活では、こういった「隙間の時間」が結構あるものです。

　給食当番が教室に戻るまで静かに待つことができない子どもでも、授業中は教師の話を聞いたり課題に取り組んだりしてルールに従って過ごすことができているはずです。しかし、授業以外の曖昧な時間はどのように過ごしてよいかわからないために勝手に歩き回ったり、大声でおしゃべりをはじめたりしてしまうのです。多くの子はとくに指示がなくても自分の好きなことをして静かに待つことができます。しかし、友だちの行動を見て真似ることができない子は、状況に関係なく好きなことをはじめてしまいがちです。

●あらかじめやるべきことを具体的に伝えておきます

●行動を学級のルールとして決めておきます

●静かに待つ方法を相談して決めておきます

・なかなか約束した行動がとれない子どもには、静かに待つ方法をいくつか決めておく。
・そのなかから自分で選んで行動できるようにしていくとよい。

ポイント

　静かに待つことができない子1人の問題としないで、クラスのルール作りに目を向けてみることも大切です。

生活面のよくある「困った」　149

72 偏食が激しく、食べられるものがほとんどありません

　ごはんしか食べない子、お肉は食べられるけれど野菜は一口も食べない子など、給食では、ほとんどのものが食べられない子どもがいます。これは、いわゆるただの好き嫌いではありません。感覚過敏という特性によるものです。食べようと思っても、味覚や臭覚の感覚過敏により、特定の食べ物の刺激を不快に感じてしまいます。不快に感じるポイントは、味、硬さ・柔らかさ、温度、においなど人それぞれ違います。
　子どもが感じている食べられない要因を特定しながら、無理のない範囲で少しずつ慣らしていくことが大切です。偏食は、年齢が上がるにつれて改善されることも多く見られます。一口でも食べるチャレンジを無理しないで続けるとよいでしょう。

● 絶対に無理やり食べさせてはいけません。本人は辛いだけです

・食事と苦痛が結びつけられ、食事そのものが嫌になってしまう。

● 嫌いの度合いによってチャレンジする量を決めます

魚は半分　野菜は3口　牛乳は1口

・「(無理なく)食べられた！」という達成感を得られる量を設定する。

● 食べやすい大きさに切り、不快な感覚を軽減させます

● 食べられる量で盛りつけます

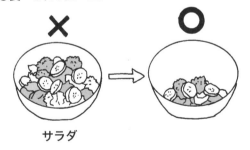

サラダ

・チャレンジする量を明確に示す。

● 野菜を育てます。料理をします

・食に対する興味や関心を高める。

アドバイス

　食事は、おいしいものを食べる喜びと、ほかの人と安心できる時間や場所を共有するという視点からみても大切な場面です。保護者と連携をとりながら、みんなでおいしく楽しく食事をするという経験を積み重ねられるよう支援しましょう。

73 食べこぼしが多いため、友だちから嫌がられています

　食べ方は、これまでの家庭、保育園・幼稚園などでの経験によって培われるものです。箸の使い方、茶碗の持ち方、適量を口に運ぶなどがうまくできずに食べこぼしてしまうのは、その経験不足によるものです。

　一方、咀嚼（食べる力）が弱い、また、声道を取り巻く構音器官の形態・機能の異常によって食べこぼしてしまうケースもあります。食べこぼしていること自体に気づいていないこともあります。あるいは、食べこぼしてまわりが嫌がっているにも関わらず、「自分に注目してくれている」と勘違いして、余計に食べこぼしたり、口のなかにある食べ物を見せてしまうことがあります。また、感覚過敏があり、苦手なものを食べたくないため、食べこぼして量を減らそうとする子もいます。

　一人ひとりの子どもの様子を観察しながら「食べこぼす要因」を探っていきます。

●食べこぼす要因をしっかりと観察します

チェック表
□箸の持ち方や茶碗の持ち方はどうか？
□適量を口に運ぶことができているか？
□食べ方はどうか？
□口腔内の器質的な課題はどうか？
□食べることに集中できているのか？
□本人は食べこぼしをどう感じているか？
□感覚的過敏さはあるのか？
□食べこぼしを助長している子どもはいるか？
□家庭ではどんな食べ方をしているか？

・保護者、養護教諭、栄養士、ことばの教室の教師、校医の歯科医師などで、何が課題かを分析する。

●家庭と連携して楽しく食べ方の練習をします

「食べる力を育むために～お口を使った遊びメニュー～」より

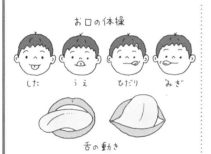

・保護者のこれまでのしつけのせいにしない。
・家庭で取り組むことができる食べ方の練習方法を伝える。
・箸などの扱いが苦手なら、スプーンやフォークを活用したり、微細運動(指先を使う細かな動作のこと)の練習をする。

●クラスでできる給食支援をします

・事前に食べこぼしが少ない量を子どもが決めて配膳する。
・静かに食べることに集中できる「もぐもぐタイム」を設定する。
・食べこぼした後に、しっかりと拭き取ることが大切だということをクラスで共有する。
　→必要以上に「汚い」と思わせず、子どもの自尊心を傷つけないようにする。
・教師自身が、「絶対食べこぼしがないようにしなければいけない」と思い込み過ぎない。
・できたことをほめていくように心がける。

74 給食の後片づけができません

　給食をいっしょに食べたグループ4人が、4人分の食器を食器ごとに集め、片づけの分担を決めて片づけることにしています。しかし、片づけようとしない子がいます。グループの友だちからは「いつも片づけないんだから」「ずるいよ」「ちゃんとやって」などといわれてしまいます。
　このばあい、単になまけているのではなく、「おわんはだれに渡せばいいのか？」「何から片づければいいのか？」など周囲の子どもはわかっていることでも、その子にはわからないばあいがあります。ほかの友だちがわかっていることなので、聞くこともできないのです。ボーッとしているばあいもありますが、やり方がわからずにふざけているように見せてしまう子もいます。
　片づけさせることだけを考えてただ注意をくり返すのではなく、なぜ、できないのかという視点を持ちます。

●片づけの分担がわかるように視覚支援します

黒板に分担を示した絵を提示する。「ご飯・パン・さら」の席の子はその担当。

机にスタンドメモを配置し、自分の役割を確認させる。

・毎日やることだからもうできるだろうと考えずに、継続的に提示する。

●具体的に何をすればいいのか、声をかけて支援します

●1人ずつ片づけるばあいも視覚支援します

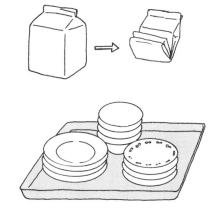

・食器の重ね方や、牛乳パックの片づけ方を絵で示す。

ポイント

　給食の片づけをするときには、教室全体がざわざわしがちです。注意をしても、聞きとりにくいため、目で見てわかる支援をします。
　ごちそうさまのあいさつをするときは静かになるので、その際に片づけの確認をするのもよいでしょう。「牛乳パックの担当の人」などと声をかけ挙手させると、自分がこれから何をするのか見通しを持つことができます。
　一人ひとり片づける、グループごとに片づける、一斉に片づけるなど、学年やクラスの実態に合わせて対応しましょう。

75 そうじの場所がわからずウロウロします

　そうじは、大勢の子どもが一斉にそれぞれの動きをするので、発達に課題のある子どもにとっては非常にわかりにくい場面です。日によって清掃場所が変わったり、場所によって清掃方法が違ったりするので、「どこで」「何をするか」などの明確な指示が必要になります。掲示などで場所を視覚的に表示していることがありますが、複数の掲示物のなかから必要な情報を選びとれない子どももいます。

　そうじの時間になるとウロウロと歩き回り、結果としてまわりの子どもたちから「さぼっている」「ずるい」などいわれて、けんかになったり、友だちを巻き込んで遊びはじめてしまったりするケースもあります。こうなってくると「そうじ中にけんか」「さぼって遊ぶ」という問題にすり替わってしまい、「そうじの場所がわからない」という最初の理由が見えなくなってしまいます。本人も、友だちから責められたという思いと、教師から叱られたという記憶だけが残ってしまい、自己肯定感を下げる原因になってしまいます。

● 口頭だけの指示では、いわれた言葉は聞こえていても内容を理解することが難しいばあいがあります

・給食当番や掃除分担など、毎日、毎週変化することの多い当番活動などは不安を感じてしまう子どもがいる。

● 個別に配慮しながら具体的指示を出します

● そうじの場所は表で明記し見通しを持たせます

1班	音楽室	○○
名前	そうじ分担	○○分担
Aくん	ぞうきん	○○
Iさん	ほうき	○○
Sさん	ぞうきん	○○
Oくん	ほうき	○○

・具体的にだれが何をするのかはっきりわかる表にする。

アドバイス

よく使われる円形の回して使う当番表は、具体性が乏しくわかりにくいようです。「だれが何をするか」という表示をすると、クラス全員の子どもが理解しやすく、課題のある子が戸惑っていても「ぞうきんの担当だよ」など、クラスでサポートがしやすくなります。

とくに集団参加が苦手な子どもには、そうじに限らず、どういう状態になれば終了なのかを具体的に明確に示し、終わりの見通しを持たせます。完了したら先生に報告させる、早く終わってしまったときにはつぎの課題を与えるなどの個別支援を行なうことで、集団のなかで自分が責任をはたす達成感を味わうことができます。

76 そうじの時間、ほうきを振り回して遊んでしまいます

　ほうきを手にすると、つい遊んでしまう子がいます。意識があちこちに飛びやすい子どもは、「そうじをする」つもりでほうきを手にしても、戦いや野球のイメージが頭をよぎると、つい刀を振り回す動きをしてしまったり、バッターになりスウィングしてしまったりなど、自分の行動がコントロールできないことがあります。

　また、そうじのやり方がわからなかったり、自分のイメージした手順どおりに進まなかったりすると、そこで動きが止まってしまい、そのうち、自分の世界に入り込んで遊びだしてしまうという子どももいます。

　子どもによっては、ほうきをうまく使えず、ごみを集めることができないでいるうちに、いやになって遊んでしまうこともあります。

●ほうきの仕事の手順カードを作り、やり方を確認します

ほうきの仕事のじゅん番

1.	タイルの3マスずつごみをはいて、すすむ。
2.	つぎの3マスずつごみをはいて、もどる。
3.	つぎの3マスずつごみをはいて、すすむ。
4.	つぎの3マスずつごみをはいて、もどる。
5.	よこに、しずかにはいてすすみ、□のなかにごみを集める。
6.	ちりとりの人をよんで、ごみをとってもらう。
7.	机のいどうが終わるまで、教室のはじでまつ。
8.	後半の部分を、1〜6のてじゅんでやる。
9.	机のいどうをみんなでやる。
10.	おわりのあいさつ

・子どもによって、1つの活動が終わるごとに報告してつぎに進むという方法もある。
・できないばあいは、できる部分をしっかりやれるように、分担を細分化する。

●そうじ全体のやり方を具体的に指示します

・事前にクラス全体でやり方を確認する。

●カードは、活動中も自分で確認できるようにします

・カードは、ポケットなどに入れたり、壁の決まったところに入れたりする。

アドバイス

　そうじの手順は、学校全体で基本的なものを決めて、どこの学級でも同じやり方でやるようにしていくと、進級時などの混乱を防ぐことができます（視覚的に示したスタンダードなものを作成するとよい）。
　ほうきを手にすると反射的に振り回したくなる子どももいます。そのばあいは、「机拭き」「床拭き」など、本人が集中してできる仕事を「○○の専門家」として固定して担当させていくのもいいでしょう。小学生のうちは、無理をして失敗させるのではなく、本人が「しっかり仕事ができる自分」を実感できる機会を多く持たせ、自己肯定感を高めていくようにしましょう。

77 運動会の練習を嫌がり、参加できません

　運動会の練習で、ほかの子どもたちが校庭へ移動しても嫌がって教室から動こうとしなかったり、参加を促しても集団から逃げ出してしまったりする子がいます。

　運動会は、学校行事のなかでも大きなイベントです。運動会に向けての練習は、時間も長く、学年や全校で取り組む場面も多くあります。また、時間割も変則的になり、いつもと違うことが苦手な子どもたちにとって、不安やストレスを感じやすいのかもしれません。以下のような要因が考えられます。

・大きな集団のなかにいることが苦手。
・練習内容のイメージが持てない。
・長時間の練習への不安。
・マイクや音楽、太鼓、ピストルなどの音が苦手。
・ほかの子どもたちとの関わりが苦手。
・勝敗へのこだわり。

　子どもが、どのようなことに不安やストレスを感じているのかをしっかりと読み取ります。

●練習内容をわかりやすく提示します

```
れんしゅう よてい
① にゅうじょう
② ダンス 3かい
③ たまいれ
```

●見通しを持たせ、どこまで頑張れるかをいっしょに相談して決めます

①と②はがんばります
③は見学したいです
いいですよ

●立つ場所を工夫し、目印を置きます

●練習の残り時間を明示します

4までダンス　　タイムタイマー

●参加する種目や方法を工夫します

騎馬戦も後ろから支える役なら安心だ

●防音イヤーマフなどを用いて音刺激のコントロールをします

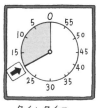
防音イヤーマフ →

・ピストルをホイッスルにしたり電子音にしたりするのもよい。

●運動会練習の日程は早めに伝えます

☆	れんしゅうのよてい			☺
5月12日（げつ）	13日（か）	14日（すい）	15日（もく）	16日（きん）
1,2じかんめダンス		3,4じかんめダンス		1,2じかんめぜんこうれんしゅう

●ごほうびシートでやる気を育てます

よくがんばりました
シールをはる
やったー！

> **ポイント**
> 一番大切なことは、運動会の練習も運動会当日も、終わった後に子どもたちが、「がんばった」「できた」「楽しかった」という気持ちを持てるようにすることです。1年生のときは、練習を見学していた子が、2年生になるとある程度の見通しを持つことができ、練習に参加できるようになったということもめずらしくありません。無理にすべて参加させようとせず、見学や部分参加など、できたことをほめてあげましょう。

78 運動会のときに応援席で静かに見ていられません

　応援席で静かに見ていることができない背景には何があるのでしょうか。
　運動会といえば、カメラやビデオを片手にたくさんの家族、関係者が応援に来る一大イベントです。普段の学校生活とは異なりたくさんの人が校庭を埋め尽くします。応援団の太鼓の音や競技・演技のＢＧＭ、大きな声援が絶え間なく聞こえ、カメラやビデオが向けられます。さらに垂れ幕、得点板、入場門、掲示物などの装飾があちらこちらに貼られ、さまざまな刺激が目にも耳にもとびこんできます。何よりもつぎからつぎへとプログラムが進行し、何がいつ行なわれているかわからない不安があります。居場所になる応援席も時間帯によって日なたになったり日陰になったりして暑さなどが苦痛になってしまうこともあるでしょう。
　どんな子も力を発揮して楽しい運動会になるよう工夫します。

● プログラムで見通しを持たせます

・いまは何をしているのか、つぎは何をするのかを伝え、安心させる。

● 応援するときの声の大きさを決めておきます

● プログラムに約束やルールを書き込んでおきます

「応援マーク」 ㊙
「声の大きさマーク」 ①②③
「自分の順番マーク」 ㊕

運動会プログラム

1. 準備体操 ㊕
2. かけっこ ㊙ ①
3. 玉入れ ㊙ ③
4. 騎馬戦 ㊕
5 徒競走 ㊙ ②
お昼
応援合戦 ㊙ ③
6. 綱引き ㊕
7. ダンス ㊙ ①
8. 借り物競走 ㊕
9. リレー ㊙ ③

● 席の並び順を工夫します

・席の並び順や配置を教室と同じようにする。友だちとの相性なども考えておく。
・隣の子に、「出る種目のときや応援するときは、声をかけてあげてね」と伝えておく。
・応援席でも穏やかに過ごせ、競技や演技にも集中して取り組むことができる。

ポイント

運動会なのですからずっと静かにしている必要はありません。大きな声を出したり、席を立ちあがったりして応援できるときには存分に気持ちを開放し、穏やかに応援するときには座って手拍子をするというメリハリを教えるよい機会です。いつ、どこで、どのように応援するかがわかるように事前に示し、確認しておくことが大切です。

79 マイクの音や特定の音などをとても嫌がります

　運動会の徒競走のピストルの音、校外学習で行った先のトイレの流れる水の音など、特定の音や予期しない音を不快に感じ、時にはパニックになってしまう子がいます。また、遠くで聞こえる救急車のサイレンや電子機器の機械音など、特定の興味ある音に敏感で、その音が気になって気が散りやすい子もいます。とくに注意・集中が途切れているとき、このような音に反応してしまうばあいが少なくありません。

　スピーカーから出る音、赤ちゃんの泣き声、非常ベルの音、水槽のポンプの音、そうじ機の音、特定の子どもの声などなど、不快と感じる特定の音は、一人ひとり異なりますので、教師やまわりの子にとって何でもない音でも、その子にとっては、とても不快な耐え難い音となることがあります。何でもない音だからと聞かせ続けて、慣れさせようとすることは逆効果となります。

　まずはどんな音に過敏になっているのか、観察したり、本人から聞き取ったりして調べることが大切です。

●合図は、別の音に替えます

●体育館での全校集会はスクリーンに映します

・体育館はとくに音が反響しやすいので、マイクの音を嫌がるばあいが多いため、話の内容を文字で映すなど、視覚的に補う。

●苦手な音について話し合います

・クラスで苦手な音を理解し、それを減らしたりするなど手立てを話し合う。

> **アドバイス**
>
> 　目に入ってくる視覚刺激は調整がしやすいのですが、耳に入る聴覚刺激は調整しにくいものです。学校は集団生活の場ですので、1日中さまざまな音が出て、かつ入り混じっています。すべての音を調整しようとするのではなく、できるところから1つずつ調整していきましょう。
> 　また、どうしてもそれらの音が調整できないばあい、音源は何で、何のために音が出て、いつ音が出はじめて、いつ終わるかなどを子どもに説明していくことが大切です。

学校行事のよくある「困った」

80 集合時間にいつも遅れてしまいます

　「もうそろそろ集合時間だ！」「まだ5分くらいはテレビを見ていても大丈夫かな……」という時間感覚は、生活経験の積み重ねで自然に身についていくものですが、それが難しい子もいます。決まった時間に集合できない理由にもいろいろあります。
　ほかのことに気をとられると、時間が過ぎることをすっかり忘れてしまう子がいます。また、集合時間がわかっていても行動がゆっくりすぎて準備に時間がかかってしまう子もいます。時間がわかっていても、地図が読めずに集合場所にどのように行ったらいいのかわからない子もいます。

●集合時間に集合させたい理由を伝えます

- 集合時間を印象づける。
- 目に見えず、感じにくい時間に意味を添え、意識化させる。

●周囲の行動に注目させます

- 注目させるときは、擬音や擬態語で印象づけると効果的。

●友だちに頼ることも大切だということを教えます

●2人1組のバディを組んで、お互いの行動を確認します

- プール指導でおなじみのバディを日頃から組んでおく（年間で固定してもよいし、状況に応じて月1回、学期ごとに変えてもよい）。
- 交流を広げ、互いの長所短所をわかり合い、助け合い方を学ぶことができる。他者理解・自己理解にもつながる。

アドバイス

　地図の読み取りが難しい子については、教師が下見の際、活動場所から集合場所までのルートをビデオ撮影しておき、事前に見せておくとイメージがしやすくなります。また、集合場所までの子どもの印象に残りやすい、目印になるようなもの（看板、トイレ、建物など）を地図上でマーキングしておき、さらに画像で見せておくとよいでしょう。

　規則に従順でまじめな子は、「時計係」や「タイムキーパー」に任命してはどうでしょう。役割をもらうととても素直に真摯に一生懸命仕事をしてくれる子がいます。

　聴覚障害者が活用しているバイブレーション機能つきの腕時計が便利です。子どもが走り回っても外れませんし、遊んでいても邪魔になりません。

強力振動目覚まし時計「Wake V（ウエイク ブイ）」

学校行事のよくある「困った」

81 遠足のとき、班から離れて行動してしまいます

　遠足のとき、集団から離れ、列を崩して歩いてしまったり、決められた活動に参加しなかったりするなど、自分本位の行動をしてしまう子どもがいます。事故や事件に巻き込まれる可能性も考えられ、まわりは安心できません。教師や友だちが注意をしても、その注意を素直に聞かずに怒って騒いだり、かえって自分のいい分を主張するばあいもあるでしょう。

　しかし、表面化している行動を遮ろうとするあまり、その行動の背景を探ることを忘れてはいけません。このようなばあい、集団という圧迫感に過敏なばあいがあります。また、集団行動を乱してしまうほどの、興味や関心を引く何かが目に入ったのかもしれません。さらに、いま、自分が何をすべきなのかがわからずに行動してしまっている可能性も十分考えられます。

　その子の行動の先に何があるのかを見つめ、探っていきます。

●強引に班に連れ戻しても子どもには意味が理解できません

- 早く戻りなさい！どうして自分勝手な行動をするの！
- まわりにたくさん人がいるのは苦手だよ…
- 向こうに電車が見えたのに…
- いま、ぼくは何をしたらいいの？

●本人の行動に合わせて見守っても、教師は振り回されてしまいます

- 気持ちが向いたら戻りましょう
- 1人のほうが楽でいいや
- 本人の思いを大切にしないと…
- 自分のしたいことができてうれしいな

●役割を持たせ、役割意識やクラスの一員としての帰属意識を育てます

- Yくんはレク係だから、みんなが楽しめるゲームをいっしょに考えよう
- ドッジボールはぼくが持っていくよ！
- 当日の進行よろしくね！
- 進行の仕方はバッチリ！当日が楽しみだな

●当日までの予定を、視覚的に示しておきます

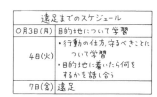

- 当日までの見通しを持つことができると、クラス全体で楽しみな気持ちを高めていくことができる。
- 現地の実際の写真（駅・公園など）を紙しばい風に見せてもよい。

●集団から適度に距離を置いた居場所を確保します

- 辛くなったのね。一番後ろに移っていいよ
- そうしよう。助かった！

アドバイス

　とくに遠足などの行事に関する活動においては、学級や学年への所属意識を高めるよい機会だと捉え、事前指導から丁寧に行なっていきましょう。決められた活動のほかに、子どもの興味や関心を生かした活動を設定し、主体的に活動できる状況を作りましょう。やるべきことが明確になることにより、子どもは安心して活動に取り組むことができます。

82 班やバスの座席などを決めるときに、いつも1人になってしまいます

　学校生活では、班行動や遠足の際のバスの座席決めなど、子どもたちに話し合わせたり、グループ活動をさせる場面が多くありますが、そうした場面で友だちの輪に入れず、孤立してしまう子どもがいます。
　理由は、つぎのようなことが考えられます。
①社会性が未熟で、集団行動がとれない。
②すぐに友だちとけんかになってしまうため、みんなから敬遠されている。
③1人で行動することが好きで、まわりに合わせて行動する気持ちが持てない。
④新しいことや行事が苦手で、話し合いなどに参加できない。
⑤不安が強く、まわりから声をかけられないと動けない。
　その子の特性によるものもありますが、一方で友だちとの関わり方がわからなかったり（経験不足）、いままでの失敗体験から不安が強くなり、自分から関われなくなっていたり（誤学習）、また表面にはでていないいじめがあるばあいもあります。

クラス全体への支援

●班を作るときの約束を決めます

- 1人になる人を作らないように決める。
- みんなが班に入れないときは、先生が決める。

●班行動の前に、班単位でゲームをするなど仲よくなれる雰囲気作りをします

●団体行動のときのルールを明確にします

〈団体行動のルール〉
- 班行動のときには、必ず班の人といっしょに行動する。
- トイレなど、みんなから離れるときには、必ず友だちにいう。

●班長などリーダー役を担える子どもに、声かけをしてもらいます

「Aさんも早く入って！」

個別の支援

●話し合いのときのルールなどを確認する

- 自分だけで話さない。
- 人の意見を最後まで聞く。
- 自分の意見と違っても、みんなで決めたら守る。など

●「相性のよい子」「配慮ができる子」をさりげなく同じグループや班に配置します

「Aさん 心配しなくてもだいじょうぶだよ。さ、行こ！」

●行事は、スケジュールや写真などを示し、不安を和らげます

アドバイス

　クラスの雰囲気や、ふだんの子ども同士の人間関係が大きく関係してきますので、日頃から信頼関係と支え合いができる学級作りを行ない、また人間関係を把握しておくことが何よりも大事になります。班行動の際にも要所要所で、教師が把握しやすい班に配置したり、話し合いを調整したりするなどの支援も必要でしょう。また、いじめの状況があり、クラスの調整が難しいばあいには、意図的に教師が班編制を決めるなどの対応が必要になることもあります。

学校行事のよくある「困った」

83 持ち物のパッキングがうまくできません

　持ち物の整理整頓ができない子たちは、自分で何がどこにあるのかわからなくなってしまいます。修学旅行などのしおりに書いてある一つひとつの持ち物はわかるのですが、いつ使うのかということがわからずに、とにかく用意して、リュックサックのなかに入れてしまうので、何がどこにあるのかわからなくなってしまうのかもしれません。リュックの小さいポケットなどが上手に使えずに、雑然と入れてしまうので、大事なものが必要なときに取り出せなくなっています。

　また、宿泊の学習では「自分のことは自分でしよう」ということが大切なめあてになっています。しかし、自分で持ち物を用意せず、すべて家の人が用意してくれたということもよくあります。事前の説明会では自分でできることの大切さを保護者と確認しておきます。必要があれば、保護者と個別に相談しましょう。

●持ち物を用途別に分けておきます

・パジャマセット、2日目の着替えセットなど、使うときにまとめて取り出せるとよい。

●しおりをイラスト化するなど工夫します

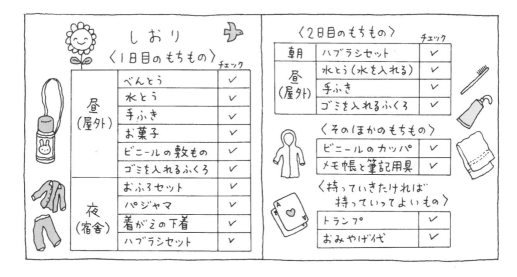

・使う順番や用途別に持ち物を記載しておく。
・自分で持ち物をセルフチェックができるようにしておくとよい。

> **アドバイス**
>
> 　日頃から道具箱や、図工の持ち物、ロッカーのなかなども視覚化して物を整理する習慣を身につけさせましょう。どのように並べると使いやすいか、使うときにすぐ物を出しやすいか、子どもたちの様子に目を配っておきます。

84 授業参観になると落ち着きません

　授業参観は、たくさんの大人が学校に来て雰囲気がいつもと違うだけでなく、教師もふだんと違う様子であったり、周囲の子どもたちも緊張したり興奮したりしています。また、授業参観用にいつもと違う時間割、教室だったりすることもあり、発達に課題のある子にとっては混乱しやすい行事の1つです。

　衝動性のある多動傾向の子のばあい、ちょっとしたことでイライラしやすくなり友だちとけんかをしてしまったり、授業中座っていられず教室から出てしまったりするばあいもあります。また、見に来た家族が気になってずっと目で追い続けたり、逆に人気のないところへ逃げ込んでしまったりする子もいます。

　いままでの授業参観でも同様のことをくり返し、学校で注意され、帰宅後も家族から叱られることで自己肯定感が低下していて、行動がパターン化されてしまっているばあいもあります。

● 授業中に動くことのできる役割を与えます

・適切な時間動き回るチャンスを与えて、話してもよい時間を作ることで落ち着かせる。

● いざというときの「逃げ場」を用意します

・事前に個別に相談して設定する。
・逃げ場があるというだけで気持ちが落ち着くことがある。

アドバイス

　いつもと違う雰囲気のときは、感情がコントロールできなかったり、トラブルがあっても当たり前くらいのおおらかな気持ちで受け止めます。それにより子どもも安心できるばあいもあります。また、授業の組み立てを考えるときにも、席を離れて子ども同士で意見交換をする時間を設けたり、動作化して考える活動を取り入れたりしましょう。高学年では、自分の意見をノートに書き、お互い話し合う活動なども効果的です。

85 避難訓練をとても不安がります

　避難訓練は、「鳴り響く非常ベル」「緊迫した全校放送」「列を作ってうわばきのまま校庭へ向かう」「参加者全員のまじめな表情」など、いつもの学校とは違う活動で、独特の雰囲気がかもし出されます。その雰囲気に強い不安を感じてしまうため、指示に従って速やかに行動するのが難しい状態になってしまう子がいます。

　そのような子は、状況を理解したり、場面の見通しを持ったりするのが難しい特性があります。そのため、「一体何が起きているの？」「いつまでこれが続くの？」など、さまざまな不安が押し寄せてくるのかもしれません。また、ニュースを見ていて同じ事件が自分のまわりでも起きるかもしれないと不安になると同様に、いまは避難の訓練をしているという感覚が持てないことも考えられます。聴覚が過敏な子にとっては、非常ベルやサイレンの音が不快であったり、耐えられないくらい大きな音に感じています。

● 「訓練だから大丈夫だよ」と声をかけても不安がおさまらないこともあります

・感じる不安の強さによっては、声かけが耳に入らないこともある。

●事前に全体に丁寧に説明し、見通しを持たせます

●個別に声をかけ様子をうかがいます

アドバイス

　「今日は避難訓練があるよ」という予告は、一般的に実施されていると思います。しかし、不安が強い子にとっては、漠然とした情報はかえって不安をあおることにもつながります。訓練の内容やいつ終わるのかなど、なるべくわかりやすく伝えるよう心がけましょう。

　また、子どもたちへの予告なしに行なわれるばあいや休み時間に行なわれるばあいなど、対応が難しい訓練もあります。その子の不安の強さによって支援の内容は変わってくると思いますが、「予告なし」が前提の訓練でも、事前に伝えておいた方がよいと判断できるばあいは、個別に話をしておきます。不安の強さ、聴覚の過敏さなど、この機会に全職員へ伝えておくのもよいでしょう。

86 学校の配布物が家庭に届きません

　学校からの配布物は、毎日たくさんあります。つぎつぎに渡されるプリントの片づけが面倒だったり、量が多くてどうすればいいのかわからない子がいます。困った結果、結局机のなかにつめこんだり、ランドセルにつめこんだりしてしまいます。
　学習で使用するプリントも、扱いに困っていることが多くあります。提出するものなのか、持ち帰るものなのか、本人もわからなくなり、すべてがぐちゃぐちゃになっています。
　分別が苦手だと、整理することは難しいですし、ぐじゃぐじゃにして何とか持ち帰ったとしても、それを思い出して家の人に渡すことも難しいでしょう。思い出しても、ぐじゃぐじゃな状態を知られて怒られることを避けるため、捨ててしまうといったこともあるようです。

●大きめの連絡帳袋を用意させます

- A4が楽に入るくらいの大きさがよい。
- 袋を机上に出した状態にしてから、配布物を配る。
- 配布されたら、すぐ折って袋にしまうように声をかける。

●学習で使用するプリントは、教科ごとに整理させます

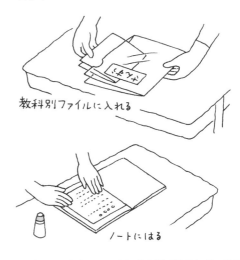

- ファイルにはさむ、ノートにその場で貼るなど、指示を具体的に出す。
- 袋、ファイル、ノートなど、準備してから配布することが大切。その場で片づける時間を必ず確保する。配布したときに、すぐ行なうのがコツ。

●配布するたびに、しまうところを確認します

- しまった後、連絡袋はすぐランドセルに入れるよう、全体に声をかける。
- 教科ファイルはクラスの決まったところに、ノートは机のなかなどにしまうところまでクラス全体で確認し、習慣化させる。

●袋にチェック表をつけます

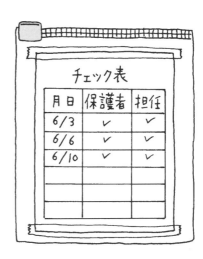

- 中身を受け取ったら家庭で日づけとチェックをつけてもらう。つぎの日、担任も確認の印をつける。

ポイント

- 帰ったら連絡袋ごと出すことを、家庭と連携して習慣化していくようにします。家庭では、連絡袋を出す場所(箱やかごなど)を決めておいてもらうとより効果的です。

87 宿題を家でなかなかしません

　学校の宿題で困っているのは、じつは、本人でなく保護者かもしれません。保護者が「宿題やったの？」「はやく宿題やりなさい！」と声かけしても、自分から進んで宿題をしないわが子の姿を見て、「自分のことなんだからしっかりしなさい！」「もう知らない!!」と怒りのバロメーターが上がっていきます。宿題は毎日あるので、宿題で悩んでいる保護者は、毎日困っています。つぎのような要因が考えられます。
・宿題をしなくてはいけないという意識が薄いため、取り組まない。
・学校の授業の理解が難しく、宿題が難しいため、取り組めない。
・字を書くことや文を読むことなど特定の分野に苦手さがあるため、宿題に相当な時間と労力を費やす。
・気持ちの切り替えが難しく、家庭という場で宿題をやるモードに気持ちが切り替わりづらい。
・気が散りやすく、マンガ本やテレビやゲームが目に見えたり、家事の音や兄弟の遊んでいる音が聞こえたりすると、取り組めない。
・体力がなく、学校から帰ってくると疲れてしまい、取り組めない。
　宿題をしないのは、子どもの意欲の問題だけではなく、さまざまな背景が考えられます。家庭と学校が連携して工夫し、解決していきます。

● クラス全体で宿題をやってくるムードを作ります（ルール決め）

● 宿題の連絡帳記入・提出の仕方を確認します（ルール決め）

・提出時間、提出場所、提出物を確認する。

● 子どもの力に合わせてページ数や問題数を調節します（量の調整）

「きみは、かんじは3回ずつ書いて。音読はゆっくり1回です」
「それならできるかも」

● 量ではなく時間で宿題を出します

「30分でできるところまでがんばりましょう。がんばったところを認めてあげます」
「20問はできるかも…」

● 具体的な宿題を出します（内容の調整）

「ほにゅう類と呼ばれる動物にはどんなものがいるか調べてください」

・「授業で終わらなかった人は、そこが宿題」などのあいまいな表現は避ける。

● 個別的な配慮を行ないます（内容の調整）

・クラス全体で、宿題を2〜3パターン提示する。
・とくに書字読字に困難さがある子は個別的な宿題を出す。

● 宿題をする時間を決めます（家庭の工夫）

「今日はこの予定にしよう」「いいよ」

・子どもによって、下校後すぐ、夕食後、お風呂後、朝起きてからなどベストタイミングは違う。
・保護者もいっしょに取り組める時間帯を考慮する。

● 宿題をする場所を決めます（家庭の工夫）

「ここなら集中力アップだ」

・気が散らない場所、保護者が目の届く場所、居心地のいい場所。

● 宿題のわんこそば方式

・わんこそば方式…1回で取り組む量を少なくして、その都度評価して意欲を高めるやり方。
・計算は、5問ずつ○つけを行なっていく。解く行以外は色紙などで隠し、目に入らないようにする。
・音読は、1行ずつ保護者と交代で読む。

● ごほうびポイント方式

・ごほうびポイント方式…子どもが喜ぶ物を活用して取り組ませる。

―― アドバイス ――

・宿題は、担任の教師によって、毎年やり方が変わることがよくあります。また、学年が上がるにつれ、宿題の内容は難しくなり、量も増えてきます。前年度はどのくらい取り組めていたのか、家庭ではいつどのように取り組んでいるのか、情報収集しましょう。
・宿題をしないから学習が難しくなっているのではなく、学習面につまずきがあるから宿題に取り組めないこともあります。担任の教師と保護者が相談して、子どもの学力レベルや学力のでこぼこを把握して、無理のないよう調整していくことが必要です。

88 友だちができないと保護者が悩んでいます

　わが子が集団の中で一人ポツンとしているのを見るのは、親としてとても切ないものです。友だちは、楽しい時間や経験を共有したり、考え方を広げたり、コミュニケーションやマナーを実践的に学んだりする上でも欠かせない存在です。
　友だちができない原因は以下のようなことが考えられます。
・友だちとの交流が好きであるが、相手の立場で考えることが苦手で、コミュニケーションの取り方が一方的で強引になってしまう。
・興味の範囲が狭く、話を合わせられない。
・友だちを自分の要求を満たす相手と認識していて、いっしょにいて楽しいと思われにくい。
・注意の切り替えや配分が上手でないために、多人数での遊びや交流がしにくい。
・興味・関心が自分と物で満たされており、友だちを必要としていない。
　友だちができない原因や現在の発達の段階、本人のニーズについて保護者と共有し、意図的に必要な経験をさせていくことが必要です。

●その子がどんな友だちを求めているのか観察、整理します

「Yさんは、おうちではどんなことに興味を示しますか」

・子どもの話す内容や興味・関心、身近な家族や人との関わりの様子、学習状況と児童生徒がどのような対象として友だちを求めているのか整理する。

●友だちがいると楽しいという体験をさせます

「私のも見て！きれいでしょ」「ほんと！」

・友だちと関わることに興味が向いていない子は、教師が介入し、うれしい、楽しい時間を体験させる。

●ルールのある遊びを経験させます

「あーババ残っちゃった！」「あがったー」「もう一度やろう」

・友だちと関わりたい気持ちがあるが、適切な方法が習得できない子は、ルールを教える。
①負けても遊びを続けられるようにする。
②自分のしたい遊びと友だちがしたい遊びを交互に行ない、譲る経験をさせる。
③身体接触のあるゲームで適切な距離感を体験させる。
④「聞く」「話す」を交互にくり返すゲームで、聞き役として好意的な反応が出せるようにする。

●友だちとの出会いと交流の場を作ります

「朝早く蜜の出る木に取りに行くんだよ」

・友だちを求める気持ちも一定のスキルもあるが、交流する機会や条件がない子には意図的に提供する。
①クラブ、習い事、サークルなどクラスや学校以外の場所での友だちとの出会いと交流の場を探す。
②班活動、係活動で、役割をはたせるように個別に支援する。得意なことや頑張っていることをクラスのほかの子どもに伝えたり、クラスの友だちとの関わりを意図的に作る。
③子どものなかで流行している遊びや物の収集に挑戦させる。

●家族を喜ばせる体験をさせます

・相手の立場になって考え行動したことで相手に喜んでもらえた経験は、友だちとの関係作りにも生きていく。

●保護者に人づき合いのお手本をみせてもらいます

・近所の人や親戚とのあいさつ、会食、訪問は、コミュニケーションスキルモデルの習得と実践に役立つ。家族ぐるみのおつき合いの機会を設けてもらう。

アドバイス

すべての子どもがそのよさを認められ、大切にされることがクラス作りの基本です。「友だちができない」という悩みは、個人としての課題ではなく、クラス経営の課題として捉えることが大切です。一人ひとりのよさを認められる場面を学習、生活のなかで意識的に作りましょう。

89 生活リズムが乱れていて、授業中寝てしまいます

　1時間目から、机にうつぶせになって寝ている子やあくびばかりしている子がいます。低学年では、まわりの子どもたちも気にかけてくれたりしますが、学年が上がるに従ってそのまま放置されることが多く、大切なことを聞き漏らし、学習の定着が図れないことがあります。居眠りしている子やあくびばかりしている子のばあい、子どもの特性によって対応を変える必要性があります。

　生活リズムができていない子は、学校から帰るとぐっすり寝てしまうことがあります。夜になり「寝る時間よ」といわれるとすっきり目が覚め、眠たくないのでぐずったり暴れたりしはじめ、夜遅く寝つくため、朝起きることができません。また、睡眠リズムができていない子は、睡眠時間は十分だけれど、質が十分でないことがあります。夜9時ごろには床に就き、朝きちんと起きるのですが、学校ではあくびばかりで、ボーッとしていたり、時にはイライラして友だちとけんかをしてしまいます。

● 強い口調で注意しても、生活リズムは変わりません

● 本人といっしょに自分の生活リズムをふり返ります

自分の生活リズムを確認させる
夕べは何時に寝ましたか。そして朝は何時に起きましたか

自分で原因を思い出させ、改善の糸口を引き出す
どうして眠たいのでしょうか

気分の切り替え方法を教える
大きく伸びをしてから、顔を洗いに行きましょう

今日は、ゲームをしないで早く寝るようにしよう

・教師は子どもの机の高さにしゃがみ、子どもの顔の近くで静かに話しかける。
・睡眠時間や就寝／起床時刻を記入できる表を活用するとよい。

● 学校から帰ってから登校するまでの予定表を、家庭、本人、学校で話し合いながら作ります

・本人がよく目にする場所に貼り、はじめは予定を1つでも守れたら、シールを貼るなどの励ましをして、意欲的に続けられるようにする。
・続けられるようになったら、少しずつ到達レベルを上げていく。

● 睡眠リズムができていない子は、専門家に相談します

・十分な睡眠時間はとっているが、眠そうにしているばあいは、睡眠障害の可能性がある。
・保護者に医療機関に相談するようすすめるのがよい。

アドバイス

　生活リズムの安定の鍵を握る家庭との連携はとても大切です。しかし、どちらか一方的な生活リズムの押しつけでは、子どもは育ちません。家庭や学校での子どもの様子を伝え合いながら、子どもの生活リズムをいっしょに作り出していく協働の姿勢が大切です。

90 朝、登校しぶりが見られます

　集団生活を楽しむためには、さまざまな課題と向き合い、その課題と上手に折り合いをつけたり、乗り越えたりすることが求められます。しかし、友だちとのコミュニケーションや学習面での課題、こだわりなどの要因から腹痛や頭痛を訴えて、登校をしぶる子がいます。

　登校をしぶる子どもの要因はじつにさまざまです。教師1人で対応しようとせず、複数の教師で情報を収集したり、対応について話し合ったりするなどして慎重に対応しましょう。子どもの学習状況や友だち関係、家庭での生活の様子など要因と考えられる事柄を整理し、環境を調整していく必要があります。決して無理矢理教室に連れて行くなどの対応はしてはいけません。

●本人が「ちょっとだけ行ってみよう」という気持ちになるように言葉かけをします

どうしたの？
何かあったら、いってね
先生もいっしょにいるからね

クラスのみんなも先生も待ってるよ

大丈夫かな？
行けるかもしれない。
でも、またダメになったらどうしよう…
行ってみようかな

●子どもの負担を少しでも軽減できるような柔軟な対応を検討します

・別室登校（教室以外の部屋）や時間を決めた登校（午前だけ、午後だけなど）も検討する。
・担任1人で抱え込まず、学年主任や管理職に相談することが大切。学校の体制のなかで何ができるのかを確認する。

●クラス全体には、体調が優れないことをさりげなく伝えておきます

Aさんはいまちょっと具合が悪いの。
Aさんの分のプリントは机のなかに入れておいてあげてね

・欠席が続いても、クラスの一員であるということをクラスの子どもたちに見せることが大切。
・配布物なども滞ることのないように配慮する。

●本人への支援と共に保護者への支援も行ないます

お母さん、疲れてませんか？
いつでも相談に来てくださいね

・子どもへの接し方や育て方に自信が持てなくなってしまうこともあるため、保護者へのサポートも必要。
・保護者への連絡は、子どものいない所で行なうようにする。

アドバイス

　登校をしぶるようになってしまう子どもたちは、学校での体調不良を訴えることがよくあります。気を配って優しく接することや子どもの心に寄り添って話を聞いたりすることも重要ですが、いつ・どこで・どんなときに体調不良を訴えるのか、しっかりメモをとるなどして情報収集することが大切です。いつも算数の前に腹痛が起こる、日直の前になると体調不良を訴える、グループ活動の前に頭痛になるなどの特性を知ることで、対応の方法が見えてきます。登校しぶりの状態像は多種多様ですが、楽しい学校生活を送っていけるようにサポートしたいという気持ちで対応しましょう。

91 放課後、異学年の友だちとよくトラブルになります

　放課後にいろいろな学年の子どもたちが集まる場所で異学年の子どもとトラブルになります。はじめは「いった」「いわない」の口げんかでしたが、じょじょにエスカレートしていき殴り合いのけんかになったり、一方的に暴力でいうことを聞かせようとしたりしています。低学年の子どもたちも怖がってしまい、保護者に相談します。

　話をすると何がいけないかは理解していますが、「だっていうことを聞かないんだもん」「あいつが先にやってきたんだ」と自分なりのいい分もあります。自分の思いをうまく伝えることができないために、暴力や暴言という手段を使って思いを伝えているようです。また、自分の思いをコントロールする力が弱く、怒りの気持ちを抑えることができず衝動的に手を出してしまったり、ちょっとした言葉に反応してしまったりします。周囲の友だちからも「あいつ怖いから……」と敬遠され、疎外感を感じていることも原因の1つだと考えられます。

●保護者と指導者がお互いを責め合っているだけでは問題の解決策が見えてきません

- 保護者は、トラブルが続き何度も連絡がくるために、「もっとしっかりと子どもを見てほしい」「なぜ、うちの子どもだけが悪いの……」と感じる。
- 指導員は、何度いってもトラブルが減らないと頭を抱えており、余計に子どもを怒ることが増える。
- 担任も板挟みになって悩むことになる。

●学校で取り組んでいる支援を指導員や保護者と共有します

①子どもの様子をよく観察しトラブルの原因を探す。
- 学校より遊びの自由度が高く、ルールがあいまいなためトラブルになりやすい。
- マイルールで遊ぶために、周囲の子どもたちが注意する。
- 「絶対勝ちたい」「一番になりたい」という思いが強い。
- 怒ることを面白がって、ワザと怒らせる子どもがいる。

②放課後の遊び方・過ごし方のルールを決める。
- けがになるようなけんかはすぐに「ストップ!!」。
- トラブルになる友だちとは少し距離をおくようにする。
- トラブルがあったときに、コミック会話（79ページ参照）などを活用して状況をふり返ったり、相手の気持ちを理解したり、どうしたらよかったか考えさせる。
- 学校での取り組みを参考に、ルールを決める。

③気持ちのコントロールの仕方を教える。
- けんかになる前に先生に伝える。
- 深呼吸して気持ちを落ち着ける。
- 優しい伝え方を学校や家庭で練習する。
- 守れたときにはしっかりほめる。

アドバイス

　担任も放課後ということで、子どもの様子をよく観察することができないために、学校と切り離して考えてしまいがちです。しかし、学校生活、放課後の生活、家庭生活と子どもを取り巻く生活全体を見通していきましょう。
　そのためには、まず保護者と指導員の溝を埋め、共通理解を図る必要があります。保護者の了解を得て、指導員と連絡を取ったり、子どもの特性を理解してもらったり、学校で取り組んでいる支援の方法などの共通理解を図りましょう。そして、子どもが友だちと関わる機会や居場所が失われることがないように、子どもを取り巻く大人が一致団結して支援に当たりましょう。

92 ゲームソフトなどの貸し借りでトラブルになります

　ゲームソフトやカードゲームなどの貸し借りでトラブルになる子がいます。「記憶の困難さ」という子どもの特性に原因があるばあいと、「約束」や「物の貸し借り」の意味の理解が不十分なばあいが考えられます。

　記憶の困難さがあると、「借りたこと」ばかりでなく、「いつまでに返すことになっていたか」「使った場所」「片づけた(置いた)場所」など、さまざまな記憶があいまいなため、トラブルにつながりやすくなります。

　「約束」や「物の貸し借り」の意味の理解が不十分だと、そもそも「返すこと」への意識がないので、相手から責められてもその理由が理解できません。感情がぶつかり合って、トラブルが大きくなることも考えられます。

　いずれのばあいも、借りた子をクラス全体で「どろぼう」と呼ぶようないじめに発展することも考えられるので早期の対応が必要です。

●落ち着いた場所で状況を詳しく確認し、事実を理解し、保護者といっしょに解決します

●「○○○の貸し借りはしない」ということをクラスのルールにしておきます

・学級便りなどで家庭にも伝えておき、学校と家庭の共通のルールにする。

●もしなくしてしまった場合は、誠意を持って謝ります

・できれば本人も同行させ、いっしょに謝る。
・同じ品を買って返すのが原則だが、もしそれが手に入らないときは、おもちゃ券など現金以外で弁償するのがよい。

ポイント

このようなケースは、学校だけで解決するのではなく保護者と連携しながら解決していくのがポイントです。その際、叱るのではなく、忘れやすいという特性を理解させながら教えてあげることで、自己理解や気持ちを調整する力が高まります。

93 お金を持ち出して、友だちにおごってしまいます

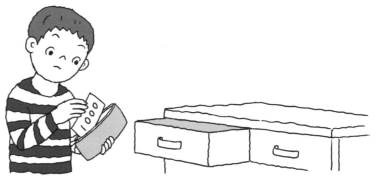

　放課後遊びで、「のどがかわいたね」「おなかすいたね」「何か買おうよ」といった流れになることもあります。たまたまお金を持っていて自分が出してあげたとき、友だちがとても喜ぶと、「いいことをした」と思い込んでしまい、何度もおごってしまう子がいます。自分も飲んだり、食べたりするのが楽しく、遊ぶときにお金を使うことが習慣になってしまうこともあるようです。

　学年が上がると、カードゲームのやり取りから、いわゆる「レアカード」を手に入れるため大量にカードを購入し分け与えたり、ゲームセンターでの遊びにお金をたくさん使い、エスカレートしていくばあいもあります。

　いずれのばあいも、本人自身は、「みんなの役に立っている」「自分も楽しい」と思っているので、やめることが難しくなり、家の人のお金に手を出してしまうことがあります。

●友だちとの遊び方、ルールを確認します

いい？
学校の外で遊ぶときは
お金を使わないで遊ぶのよ

・遊ぶとき、お金を持ってこない。
・暑い日は水筒を用意する。
・学校で決められている場所で遊ぶ。

●いっしょに遊んでいた友だちの保護者に連絡し、ルールを共通理解してもらいます

外ではお金を使わないで
遊ぶというルールを
決めましたので
ご家庭でもよろしく
ご指導くださいますよう
お願いいたします

わかり
ました

●お金の使い方のルールを、本人にわかるように解説します

〈社会のルール〉
お金とは……………
・人は、働いてお給料としてお金をもらいます。
↓
○そのお金で、生活に必要なものを用意します。
　家賃（住むためのお金）・食事代・電気代・
　水道代・ガス代・電話代・洋服代
○そのお金で、自分に必要な物を用意します。
　本を買う・映画に行く・旅行に行く
お金は…
☆人にはかしません。
☆人にはあげません。

おこづかいとは、おうちの人が働いて手に入れたお金のなかから、子どもであるHくんにくれるお金です。Hくんにくれたお金ですが、自分勝手に使ってはいけません

おこづかいは…………
☆友だちにかしません。
☆友だちにあげません。
☆おこづかいで友だちにおごりません。

・紙に書き、いつでも見ることができるようにしておくとよい。

●家庭からのお金の持ち出しが、高額、またくり返し継続するばあいは、担任1人で抱えないようにします

みなさんにご相談
したいんですが。
いま私のクラスに
こういう子がいて
困っています

・児童指導担当、特別支援教育担当などといっしょに対応を相談する。

●保護者の悩みに耳を傾け、専門家とも連携し解決します

あの子の悪いクセが
なかなか
改まりません。
どうしたら
いいでしょうか

・児童相談所など、外部の専門機関と連携しながら、対応策を相談する。

ポイント

・楽しく遊んでいるうちに、持ち出す金額が大きくなったり、遊ぶ場所がゲームセンターやカラオケなどに広がっていくばあいがあります。「少額だから」「子どもの遊びの範囲だから」と見過ごさず、「小額でもお金を使ってはいけない」と早期に介入し、指導することが大切です。
・「おこづかいは自分の自由にしていい」という発想が、入り口になるばあいが多くあります。低学年から、社会的に望ましいお金の使い方を、家庭と連絡を取りながら、共通の内容で指導していきます。懇談会などの機会を利用して教師が発信していきましょう。
・ゲームセンターなど人が集まるところ、繁華街は、トラブルに巻き込まれやすいところです。地域全体で見守っていくことを日頃から心がけ、予防していくことも必要です。
・「自分からおごってあげているつもり」でも、じつは強要されている、それに本人が気づいていないということもあります。複数の教職員で、状況を細かく検討し、対応していく必要があります。

94 携帯電話やスマートフォンにのめり込んでます

　携帯電話やスマートフォン（以下、スマホ）、パソコンのメールやLINEだと、苦手だったコミュニケーションが簡単にできるようになるばあいもあります。無料のSNSアプリケーションは簡単に利用でき、グループトークなどもできるため、これまで友だちのいなかった子でもたくさんの友だちとやりとりが可能になります。しかし、メールでは友だちの悪口がエスカレートしやすいため、いじめに発展することも多くあります。相手のメッセージにすぐ返信するため、寝ないで携帯電話をチェックしてしまう子もいます。また、出会い系の誘いに気づかずトラブルに巻き込まれてしまう子もいます。
　この問題はある特性を持った子に限らないことですが、つぎの背景があるかどうか、注意をします。
・メール文章を言葉どおりに受け取ってしまう（コミュニケーションの苦手さ）。
・物事の優先順位をつけることが難しい（物事の因果関係の理解）。
・危険な状況がイメージできない（想像力の未熟さ）。
・周囲の変化に気を配れない（シングルフォーカス）。

● 携帯電話やスマホの使い方・マナーを学習します

・電話・メールをしてよい時間帯がある。
・用件によっては直接伝えなければ失礼になることがある。
・公共の場ではマナーモードにし、通話は別の場所で行なうことが望ましい。

● 危険性を視覚的な教材で学習します

「インターネット安全教室」

・実際のトラブルを映像・資料で見ながら学習する。

● 各家庭での携帯電話やスマホの「使い方のルール」を決めます

我が家の携帯電話の掟

1 夜10時以降は携帯電話をさわりません。
2 勉強中、食事中は電話もメールもしません。
3 携帯電話の保管、充電場所は居間にします。
4 家にいる時は、家の電話を使います。
5 メールを送るのは1日3回までにします。
6 ホームページはひとりでは見ません。

掟を破ったら、1週間、携帯電話を没収されても文句を言いません！
以上のことを守ることを誓います。
　　　年　　月　　日　名前【　　　　　　　】

これを守るのよ
ウン

・電話番号やメールアドレスはむやみに教えない。
・勝手にアプリを入れない。
・知らない相手からのメールは必ず保護者に見せる。

● メール文章のやりとりでよく起こるトラブルを学習します

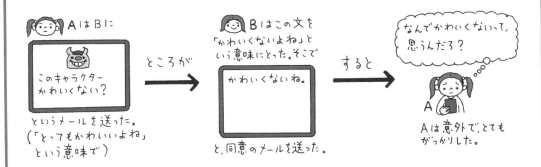

・メールやLINEは文面だけのやりとりになるため、文章に含まれる意図を正しく理解するための学習をする。

ポイント

携帯電話やスマホ、パソコンを使用する際の約束を「契約書」という形で残しておき、本人に署名をさせます。契約書に書かれている内容が守られていないときには使用ができなくなることを最初に約束しておくことが大事です。

契約書
1 携帯を持つ目的は●●●●です。
2 携帯電話の「使用のルール」を守ります。
3 契約書の内容を守れなかったときは、使用をやめます。
　　　　　　　　　　署名 ○□ A子

放課後・家庭のよくある「困った」——保護者との連携

95 虐待の疑いのある子がいます

　クラスの子が、いつもと違って元気がなかったり、急に攻撃的になったりしていませんか。服装がいつも同じで汚れていたり、忘れ物が多くなったりしていませんか。虐待のサインを見つけるのはとても難しいことです。

　虐待は保護者、子ども、家庭の問題などさまざまな要因が考えられます。少しでも様子がおかしいときには意識的に子どもを観察しておくことが大事です。発達に遅れがある子たちが虐待を受けるケースも多く、危険性も高いと推定されています。保護者が子どもを育てにくいと感じたり、その子への理解不足や期待の高さなどがあったりします。虐待は少しでもその兆候が見られたら、管理職を含め校内で情報共有を行ない、チームで行動することが原則です。

Step 1 情報を集めます

- 子どもの体や行動面・生活面での変化、出席状況や保護者の様子をしっかりと観察し情報を集める。
- 不自然な服装や外傷、給食をがつがつ食べる、爪かみ、チック、乱暴な態度をとるなど。

- 子どもから話を聞く。
- 話を聞くときは慎重に落ち着いた場所で、答えを強制するような聞き方ではなく、根気強く聞いていく。

Step 2 必ず記録をとります

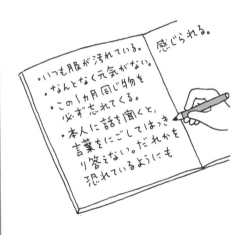

- 話を聞いた後は、チームでの対応を進めるために記録をとっておく。
- 養護教諭やカウンセラーの行動観察などの客観的な情報も併せて記録しておく。

Step 3 対応をチームで協議します

- さまざまな情報を総合しながら、校内の特別支援教育や人権チームなど虐待を扱う教師を含めたチームで協議する。
- 児童相談所、福祉事務所や担当窓口への通告は、学校での話し合いをもとに管理職や担任との連携で行なう。
- 虐待の通告は子どもを守るためにとても大切なことであることを認識する。

アドバイス

通告後には子どもの安全が保たれるように、関係諸機関との連携を図りながら対応を行なっていきましょう。在宅の指導や一時保護、施設入所などさまざまなケースはありますが、学校や福祉機関との情報の共有と連携が大切です。

虐待は子どもにとっても、教師にとっても非常に重くて辛い問題です。自分1人で悩まないで、みんなで解決の道を探っていくことが、ポイントとなります。

＊参考：文部科学省ホームページ「児童虐待防止と学校」研修教材

96 保護者の要求が多くて困っています

　特別な支援を必要とする子の保護者のなかには、子どもに対する心配から、学校への要求が多くなってしまうことがあります。学校側が対応を間違うと不信感を持たれてしまいますし、対応がぶれてしまうと要求がエスカレートしてしまうことがあります。
　無理難題に聞こえる保護者からの要求のなかには、もっともな提案や貴重な意見が含まれているばあいもあります。しかし、感情的にこじれてしまい、学校にとっても保護者にとっても時間と気持ちを消耗するばかりという事態に陥ると、肝心な子どもへの対応がうまく進まなくなってしまいます。
　子どもの成長を願う気持ちは学校と保護者の共通の思いです。お互いが協力して同じ方向を向いていくためは、どのような対応が必要なのでしょうか。

● 日頃の対応を間違うと不信感につながります

[不信をまねく対応]
・保護者の不安の訴えや相談に対してすぐに対応しない。
・保護者の訴えを軽く受け止める。
・いい訳ととられるような返事をする。
・要求への対応を学校内で共有せず、関係する教員に伝わっていない。

● 信頼関係を作っておくことが大事です

・不安に対しては十分話を聞く。連絡帳だけではなく、電話や面談をする。
・話が長くなるばあいは、時間をはっきり伝える。「○○時までお話しできます」
・保護者の思いに共感する、気持ちに寄り添う。「○○が心配だったのですね」
・話のなかで、「事実」と「保護者の想像」と「感情」を整理する。
・保護者の行動をねぎらう。「よく頑張っていらっしゃいますね」「よく相談してくださいました」
・その場で回答できないことは即答しない。「ご心配をおかけして申し訳ありません。○○については確認して改めてご連絡いたします」
・対応については具体的に回答する。

● 過ぎた要求に対しては、担任1人で抱え込まずチームで対応します

・校内の関係者で情報を共有し、担任、学年主任、管理職、コーディネーター、スクールカウンセラーなどで役割分担をして対応する(面談への同席、窓口の交代、カウンセリングなど)。
・学校としてできることとできないことをはっきり伝える。
・必要に応じて教育委員会などの外部機関と連携する。

ポイント

保護者によっては、不安が強く、何度も同じことを訴えたり確認したりすることがあります。そのときは、話し合いで決まったことを紙に書いて渡すことがよいばあいもあります。

放課後・家庭のよくある「困った」——保護者との連携

97 特定の児童の行動に関して苦情が多く寄せられます

どうしてKくんをもっと強くしからないんですか

　友だちに対して「うるせえ！」「じゃまなんだよ！」など乱暴な言葉を放ってしまう、気に入らないことがあるとあたりかまわず手を出してしまうなど、友だちとトラブルをくり返す子どもがいます。時には相手にけがをさせてしまい保護者を巻き込んでのトラブルに発展することもあります。授業がストップして学習の遅れを心配する声も上がってきます。わが子を心配するあまり「なぜもっと強く叱らないのか」「先生がしっかり見ていないのでは？」など指導の仕方にまで苦情を寄せられることがあるかもしれません。

　苦情が寄せられる子に衝動をコントロールする力が弱かったり、相手の気持ちを推し量ることが苦手だったりする特性があったとしても、まわりの保護者にそのまま伝えるわけにはいきません。苦情を寄せる保護者の心情を受け止めたうえで、教師としてどのように考えているのか、子どもへの対応方法や指導方針をきちんと伝えていくことが大切です。

● あいまいな対応では教師としての信頼を低下させます

・はっきりとしない受け答えは「担任としての方針がないのでは？」「うちの子のときも同様の対応をとられるのでは？」と不信感を抱かせることになる。

● 現在行なっている具体的な指導方法を保護者にも伝え、理解を求めます

・トラブルの原因はその子の特性にあることを保護者に説明する。行動の背景に何があり、どういう方針を持って指導にあたっているかを具体的に伝える。

アドバイス

　教師としてまず取り組むことは、子どもの特性を理解してトラブルが起きないようにふだんから気を配ることと、トラブルが起きたときにどのように解決するのかをまわりの子どもたちに示しながら教えていくことです。日頃から学級通信や連絡帳などで保護者にクラスの様子を知らせ、きちんとした指導方針を持って対応にあたっていることを伝えていきましょう。

　苦情の内容によっては教師1人で対応するのが困難なこともあります。そのようなばあいは、管理職に同席してもらうなど学校体制で対応しましょう。

98 特別支援の必要性について本人の保護者の理解が得られません

　学校としては「特別な支援」の必要性について話し合いをしたくても、保護者の理解が得られず困ってしまうことがあります。
＜保護者側の原因＞
・小さいころからいっしょにいるので、子どもはこんなものだと思って困っていない。
・「特別な支援」の内容や意味がわからず、ほかの子と違う扱いをされることに抵抗を感じている。
・突然呼び出されて、教師に対して不満を感じている。
＜学校側の原因＞
・ふだんから学校での子どもの様子を保護者に伝えていない。
・協力が得られず、子どもの問題は保護者のせいだと思っている。
・「特別な支援」について学校としての説明をしていない。
　子どもの実態を見極めて、その子に合わせて力を伸ばしていきたいという気持ちは同じであるはずなのに、学校と家庭がすれ違ってしまうことがあります。

● 学校で困っている様子を一方的に伝えられても、保護者が理解できるとは限りません

● 「特別な支援」とはどういうことなのか、丁寧に具体的に伝えます

① まず、本人の長所やうまくいっていることを伝える。そして、ほかの子を困らせるという状況でなく、本人がどのように困っているのかを伝える。
② 学校で、どのように関わるとうまくいっているのか、具体的に支援していることを伝える。
③ 保護者の実態も把握する。保護者自身も子育てに苦労していても相談する人がいなかったために、孤独に頑張っていたり、正しい情報を得られていないために、助けてほしくてもどうしてよいのかわからず困っていたりすることもある。
④ 問題があったときだけ連絡をとるのではなく、日頃から保護者とのコミュニケーションを図り、信頼関係を作る。

ポイント

　教師1人で抱えないで、学校体制のなかで対応を考えていきましょう。教師も保護者の対応で困ったときに1人で悩まず、特別支援教育コーディネーターや学年主任、または管理職などと相談しながら進めることが必要です。スクールカウンセラーなども活用して、子どものためにできることをいっしょに考えていきます。

99 特別支援教育について保護者にどう説明したらいいでしょうか

　クラスに通級指導教室に通っている子どもがいたり、特別支援学級から交流及び共同学習で通ってきたりする子どもたちがいるばあいがあります。また、クラスのなかに特別な配慮を必要とする子どもがいるばあいもあります。保護者会などで、特別支援教育について校内での支援体制や関係機関との連携について説明をしなければならない場面が出てくるかもしれません。

　急に保護者から特別支援教育について質問され、どのように答えていったらいいのか困ってしまうかもしれません。自分の子の特性について相談されたり、特定の子の特性について質問され、答えに窮してしまうこともあるかもしれません。

● 特別支援教育のキーパーソンを把握しておきます

特別支援教育コーディネーター

保護者や関係機関に対する学校の窓口として、また、学校内の関係者や福祉、医療などの関係機関との連絡調整の役割を担っている。すべての小中学校、特別支援学校に配属されている。

・学校のなかで特別支援教育についてもっとも詳しい人をしっかりと把握する。特別支援教育コーディネーターや管理職の先生、養護教諭など。

● チームでの解決が原則です

こちらは特別支援教育コーディネーターの〇〇先生です。今日は同席していただいて懇談会を進めます

特別支援教育コーディネーターの〇〇です。よろしくお願いいたします

・特別支援教育コーディネーターに保護者会に参加してもらう。
・コーディネーターは、スクールカウンセラーや相談機関など情報を豊富に持っているので、自分1人で抱え込まないで、校内の教師たちと協力しながら、保護者への対応を図っていくことが大切。

● 校内の資料などを活用します

特別支援教育とは…

・障害のある子どもたちが自立し、社会参加をするに必要な力を培うため、子ども一人ひとりの教育的ニーズを把握し、その可能性を最大限に伸ばし、生活や学習上の困難を改善または克服するため、適切な指導および必要な支援を行なう。

・特別支援学校のみならず、障害により特別な支援を必要とする子どもたちが在籍する幼稚園、小学校、中学校、高等学校、すべての学校において実施されるものである。

（文部科学省パンフレットより抜粋）

・学校が作っている特別支援教育についてのしおりを保護者に配布してもよい。

アドバイス

特別支援教育は校内、校外のさまざまな人びとや機関と連携することが大切です。多くの人たちと連携を深めることで、個を見る目を教師自身が養うことにつながります。「1人で悩まない」。とくに若い先生はこの言葉を大切にしてください。

知っておきたい特別支援教育Q&A

Q1 通級による指導とはどのようなものですか？

A 通級による指導とは、小・中学校の通常の学級に在籍している比較的軽度の障害がある子どもに対して行なう教育形態です。各教科などの指導は主として通常の学級で行ない、障害の状態に応じた特別の指導（自立活動と各教科の補充指導）を、特別な指導の場（通級指導教室）で行ないます。

対象となるのは、通常の学級に在籍する言語障害、自閉症、情緒障害、弱視、難聴、学習障害（LD）、注意欠陥多動性障害（ADHD）、肢体不自由、病弱・身体虚弱の子どもです。特別支援学級や特別支援学校に在籍する子どもは対象とはなりません。

平成5年4月の制度化以降、通級による指導の対象者は年々増加しており、初年度は約1万2000人でしたが、平成26年度には約8万人に達しています。

通級指導教室での専門的な指導が、日常生活の場で生かされるためには、子どもへの指導とともに保護者への支援、在籍学級の担任との連携が大変重要になります。

Q2 特別支援教育コーディネーターにはどのような役割がありますか？

A 特別支援教育コーディネーターは、校内支援体制を構築しチームによる支援を実行するための連絡調整役として、すべての幼稚園、小学校、中学校、高等学校において指名されることになっています。実際には各学校の実情に応じて活動することになりますが、主な役割は以下のとおりです。

①校内における役割……校内委員会（Q3参照）のための情報収集と計画、学級担任への支援、校内研修の企画・運営など。
②校外における役割……関係機関の情報収集と連絡調整、専門機関への相談調整、専門家チームや巡回相談員との連携など。
③保護者に対する相談窓口など。

特別支援教育コーディネーターは各学校長が適切な人材を指名します。特別な資格等は必要ありませんが、特別支援教育に関する理解、アセスメント（Q4参照）や支援方法に関する基本的な知識や技能を持っていることが望まれます。また、学校全体で必要な支援を行なうため

に教職員の力を結集できる、そして地域の特別支援学校や関係機関とも積極的に連携を図ることができる調整力のある人材が求められます。

Q3 校内委員会とは何ですか？どのように行なえばよいでしょうか？

A　校内委員会とは、学校全体で特別支援教育を推進するための企画・運営をする委員会です。学校の規模や教員数、特別な支援を必要とする子どもの数などによって、その構成者や機能は変わってきます。

子どもの抱える教育的ニーズに関してどう具体的な支援策を講じていくか、いま抱えている課題の解決に向けて学校全体としてどう取り組んでいくか、それぞれの学校のニーズに適した役割や機能が求められます。うまく機能させるためには、校内委員会を校務分掌にきちんと位置づけ、その目的と役割について教職員間の共通理解を図っておくことが大切です。

【うまく機能させるためのポイント】
①「学び合い、支え合いの心を育てる」「読む力、書く力を伸ばす授業づくり」といった学校の課題を優先する。
②短い時間で効率よく話し合いを行なう。
③必要なメンバーが流動的に集まるなど、フットワークよく課題に迅速に対応する体制を作る。
④会議の招集や運営の推進役は複数で担う。
⑤情報は必ず教職員全体に周知させる。
⑥組織としての専門性を高めていく。

Q4 アセスメントとは何ですか？だれが行なうのですか？

A　アセスメントとは、子どもの状態像を把握し総合的に解釈を行ない、必要な支援を考えたり、支援の成果を検討したりすることです。そのため、子どもにどのような課題があるのか、問題の背景にはどのような特性が考えられるのか、どのようなニーズを持っているのかなど、子どもに関する情報をさまざまな角度から収集し、整理することが求められます。障害特性による困難さを知るだけでなく、得意な面や優れている能力についての把握も必要です。特別支援教育コーディネーターを中心に、校内委員会等で行ないます。必要に応じて外部の専門家にも助言をもらいます。

とりわけ学校におけるアセスメントでは、学校生活の様子、友だちや先生との関わりの様子など、まわりの人や環境との関係も含めて把握することが大切です。

アセスメントの結果は、個別の指導計画や個別の教育支援計画の作成のための資料になります。指導がはじまってからも、支援の方法や内容についての経過や状態像についてくり返し見直すこともアセスメントに含まれます。

Q5 事例検討会議とは何ですか？どのように行なえばよいでしょうか？

A　事例検討会議とは、特別な支援を必要とする子どもの具体的な支援の方策を考えるための会議です。つぎのような目的で特別支援教育コーディネーターや校内委員会が運営の中心となって開催します。全職員参加で実施する場合や保護者、外部の専門家が参加する場合もあります。
　①複数の教職員の目により子どもの実態を多面的に捉える。
　②子どもの課題について、関係者が共通理解をした上で指導目標を設定する。
　③参加者全員で具体的な支援のアイデアをたくさん出し合う。
　事例検討会議は、年間計画に位置づけ、学校全体で定期的に開くことが大切です。子どもの状態は日々変化しますから、必要なときに必要なメンバーで場を設定するなど、限られた時間のなかで効率よく進める柔軟な対応が求められます。
　事例検討は、今日起こった問題から明日の対処法を考えることからはじまります。そのため教員同士、日頃から気軽に子どものことを話題にし、支援の手だてについて相談し合える雰囲気であることが大切です。事例検討会議には、参加者全員が自分の問題として臨みます。事例を提供した教員が、参加した多くの教職員から助言を受けることができてよかったと実感できることが大切です。

Q6 個別の指導計画を作成する際のポイントは何ですか？

A　個別の指導計画は、学級担任と特別支援教育コーディネーター、校内委員会などが協力して作成します。経験の浅い教員でも目標を適確にして指導できるように、書式や記載内容については活用しやすさを優先します。教育委員会や学校において、共通の書式を定めておくのがよいでしょう。子どもの実態把握から、目標や指導内容、手立て、方法などを記した指導計画、そして指導実践の記録と評価までが入った形式がよいと思います。記入者の負担が少なく、指導経過のなかで子どもの変容に合わせて随時修正がしていける形式にします。
　個別の指導計画は、作成することよりも活用することが重要です。日々の指導実践を効果的

に行ない、指導に携わる複数の教職員で情報を共有し、指導の一貫性や統一性を図るためのものです。担任が替わっても継続的な指導ができるよう、わかりやすく応用の効く指導計画にする必要があります。

Q7 生徒指導と特別支援教育の考え方はどのように違いますか？

A　生徒指導も特別支援教育も一人ひとりの子どもに対する理解を深めることが基盤となります。そこには、教職員と子どもの信頼関係があり、一人ひとりの子どもが自己実現を図れる集団の具現化が望ましいとされています。すべての教職員が全校体制で取り組むこと、積極的に関係機関等とも連携を図りながら進めていくことはどちらにも共通していることです。

　生徒指導は、単なる子どもの問題行動への対応という消極的な面だけにとどまるものではなく、すべての子どもの人格のよりよい発達を促すとともに、学校生活が有意義で充実したものになることを目指しています。生徒指導は子どもの問題行動への対応、特別支援教育は障害のある子どもへの指導と分けて考えるのではなく、障害の有無にかかわらず、子どもの課題を特別支援教育の視点からも捉えてみることが、指導の充実につながっていきます。

Q8 進級／進学先への引き継ぎで気をつけることは何ですか？

A　進級にあたっては、引き継ぎをする教職員が、特別な支援を必要とする子どもに関する情報を共有し、効果的な支援をきちんと引き継いでいきます。

　小学校から中学校への進学にあたっては、これまで指導してきた小学校の教職員が持っているすべての情報を中学校に伝えても、支援は必ずしもうまく引き継がれていくとは限りません。とくに年度当初は、まだ支援が必要な子どもの課題が中学校側で具体的にイメージできないからです。

　引き継ぎは、提供する側が送りたい情報と、引き継ぐ側が求める情報が合致することでうまくいきます。たとえば、年度末や年度当初に加えて、子どもが新しい環境に慣れはじめ、中学校でも課題が見えてきた時期にあらためて情報交換するなどの工夫をするとよいでしょう。

あとがきにかえて

特別支援教育でもっとも大切なのは、一人で悩まない、一人で抱え込まないこと

支援や指導の基本的な姿勢

通常の学級において特別な支援を必要とする子どもは、集団生活のなかで学ぶことに困難さを抱えている子どもです。さまざまな学習活動での具体的な対処方法がわからないため、戸惑い、悩んでいる状況にあるという視点で支援を考えます。

また、子どもの困難さの背景には、子ども個人が抱える課題と、まわりの人間関係や学習環境に関する課題の両面が影響していることも押さえておかなければなりません。支援や指導の姿勢は、間違えやできていないことに気づかせるだけでなく、正しいことやできるための方法を具体的に、そして丁寧に教えていくことが基本です。

特別支援教育は学校全体で組織的、計画的に

特別支援教育は、校内における特別な支援を必要とする子どもの実態把握、教育的ニーズの把握、特別な支援の必要性の判断、事例検討会議による具体的な支援方策の検討、外部の専門家からの指導・助言など、学級担任などが個人で対応するだけでなく、学校全体の校内支援体制により、組織的、計画的に取り組みます。

学校長のリーダーシップのもと、特別支援教育コーディネーターを中心に組織された校内委員会において、Plan（計画）→ Do（実行）→ Check（評価）→ Action（改善）のサイクルを機能させることにより、特別支援教育の改善を図っていきます。

特別支援教育コーディネーターの役割

校内の特別支援教育推進のため、校内委員会や校内研修の企画・運営、外部の関係機関との連絡・調整、保護者からの相談の窓口などを担います。特別支援教育コーディネーターは、特別支援教育に関する専門性を有する教員が担当することが期待されますが、子どもの個別的な支援を行なうことが主ではなく、全校体制の組織的な取り組みを機能させていくことが役割です。校内の特別支援を必要とする子どもの情報を収集し、個々の子どもの実態に応じた支援方策を考えます。気になる子どものことは、特別支援教育コーディネーターに積極的に相談しましょう。

個別の教育支援計画、個別の指導計画の作成・活用

長期的な視点に立ち、乳幼児期から学校卒業後まで一貫した教育的支援を継続していくことが望ましいため、小学校などにおいても、保健、医療、福祉、労働等の関係機関とも連携を図りながら、個別の教育支援計画を作成します。また、個々の子どもの特性に応じた教育的支援を効果的に実践するため、個別の指導計画を活用した個に応じた指導の充実が

望まれます。個別の教育支援計画、個別の指導計画については、学級担任が一人で作成するのではなく、校内委員会などで検討し、学校として子どもの支援をどう考えるのかという視点で作成します。

すべての教職員が特別支援教育に関する基本的な知識を

全校体制で特別支援教育が組織的、計画的に進められるためには、すべての教職員が特別支援教育に関する基本的な知識を身につけ、特別な支援を必要とする子どもに対して、自ら進んで支援方策を工夫していくことができる専門性を持つ必要があります。そのためには、教職員一人ひとりが、学級の子どもだけでなく、学校全体で子どもの教育を担っているという意識を持って教育活動に従事することが大切です。

教室環境の整備とわかりやすい授業づくり

余分な掲示物のない整理された教室は、落ち着いて学びやすい環境です。注目させてから簡潔に指示することは子どもの活動をスムーズにします。見やすい板書やノートテイクの時間の確保は、読み書きが苦手な子どもへの大きな支援となります。子どもの興味や関心をひく教材・教具の活用は学習への意欲を高めます。

子どもの学びの特性（聞く力、話す力、読む力、書く力、計算する力など）に合わせた教室環境の整備や、わかりやすい授業づくりは、子どもとの信頼関係を生み出し、子どもにとって居心地のよい学級の雰囲気を作ります。

学習面への支援は苦手なことと得意なことの両面から

学習面のつまずきは学校生活への適応状態を大きく左右します。学習面の支援は、どの子どもにとっても学びやすいユニバーサルデザインの視点が大切です。とくに、学習面で気になる子どもには、できていないことやうまく取り組めないことに注目してしまいがちですが、苦手なことと得意なことの両面から支援を考えることが大切です。

だれでも苦手なことへの取り組みは消極的になりがちです。苦手なことに対する意欲を高めるためには、できていることを認め、得意なことをうまく活用していくようにします。

行動面の課題は注意や叱責だけでは改善しない

行動面に指導上の難しさを感じる子どもへの支援は、注意や叱責だけでは改善しないという前提で対応を考えます。適切でない行動を減らすためには、適切な行動の取り方を具体的に教えるようにします。

目の前で起きている行動に注目し対応しがちですが、きっかけや結果などの前後関係も含めて背景や要因を考え、対応を工夫してみます。失敗を指摘され修正するよりも、成功による成就感や達成感から適切な行動を身につける方法です。子どもの小さな変化に気づいて認めることもポイントです。

対人関係はまわりとの関係調整に気を配る

友だちへの悪気のない一言、友だちからの何気ない一言により、心が傷ついたり、険悪な関係になったりすることもあります。相手の気持ちを推し量るには、自分の気持ちの動

きが意識化されなければ難しいことです。気持ちを言葉で表現する力が必要ですが、障害特性により難しいばあいがあります。

まわりの子どもにただその子どもの特性を理解させるのではなく、どのような困難さがあり、どう対応すればよいかを理解させることが大切です。子ども同士の言葉遣いや態度の荒れが気になるばあいは、学校全体で取り組む課題として考えていきましょう。

個への支援と学級全体の特性に応じた支援

気になる子どもに対する個別的な指導を意識しすぎてしまうと、学級全体への指導が疎かになり、まさに木を見て森を見ずの状態に陥ってしまうことがあります。わかりやすい授業とは、特別な支援が必要な子だけではなく、学級全体の特性に合わせたわかりやすさが基本となります。学級の聞く力、話す力、読む力、書く力、計算する力などと、子ども同士の学び合いや支え合いの状況など、全体の雰囲気を押さえていくことが大切です。

早期発見により二次的な障害を予防する

学習面や生活面においてつまずきや失敗がくり返されると、苦手意識や挫折感が高まり、心のバランスを失い、精神的にも不安定になり、心身にさまざまな症状が出てきてしまうことがあります。障害特性によるものが一次的障害とすれば、環境や関わりが要因となり不適応状態が悪化しているばあいが二次的障害です。早い段階で適切な支援を行なえれば短期間で状態は改善することから、早期発見と予防的な対応を心がけます。不適応の要因や背景を探るとともに、自己肯定感や自尊感情が高まる支援を考えるようにします。

保護者と協働していくために

保護者の「早くこの子のつまずきをなくしたい」などという不安とあせりは、子どもに苦手なことを無理強いしたり、注意や叱責をくり返したりなどの適切でない対応が続くことにつながります。子どもも不安定になり、不適応状態はさらに悪化してしまいます。適切な問題意識を持ち、適切な対応がなされることで、親子関係が安定し、子どもの状態も改善していきます。学級通信なども活用し、子どものよいところや頑張っているところの情報交換の機会を多く設け、保護者が話しやすい雰囲気を作るよう工夫します。

おわりに

子どもが安心して学校生活を送ることができるための支援は、本書に示した内容だけではありません。毎日の生活のなかで、子どもの様子や実態に合わせて、これまでの対応の仕方を少し変えてみるだけで大きな効果が現れるばあいがたくさんあります。本書はそのための視点を持つヒントを示しているに過ぎません。

先達のよい実践を自分が見ている学級の子どもに合わせてアレンジできる力が本当の指導力だと思います。本書がその一助になればと願っています。

最後に、具体的でわかりやすい解説と解決のヒントを書いていただいたすばらしい教育実践者である15名の執筆者の先生方、合同出版編集部の下門祐子さんに深く感謝申し上げます。

笹森洋樹
国立特別支援教育総合研究所 総括研究員

◆参考になる本

『アスペルガー症候群とパニックへの対処法』ブレンダ・スミス　マイルズ＆ジャック・サウスウィック〔著〕冨田真紀〔訳〕（東京書籍）2002年

『イラスト版 ADHD のともだちを理解する本』原 仁・笹森洋樹〔編著〕（合同出版）2008年

『絵でわかる言語障害　第2版』毛束真知子〔著〕（学研メディカル秀潤社）2013年

『学校が楽しくなる！　発達が気になる子へのソーシャルスキルの教え方』鴨下賢一〔編著〕（中央法規）2013年

『こうすればできる：問題行動対応マニュアル』長澤正樹・関戸英紀・松岡勝彦〔著〕（川島書店）2005年

『ことばの発達を促す手作り教材』こどもとことばの発達問題研究会〔著〕（学苑社）1990年

『こんなとき、どうする？　発達障害のある子への支援　小学校』内山登紀夫〔監修〕（ミネルヴァ書房）2009年

『自閉症児のための絵で見る構造化』佐々木正美〔著〕（学研）2004年

『自閉症だったわたしへ』ドナ・ウィリアムズ〔著〕河野万里子〔訳〕（新潮文庫）2000年

『写真でわかるはじめての小学校生活』笹森洋樹・家田三枝子・栗山八寿子〔編〕（合同出版）2014年

『新教育課程における発達障害のある子どもの自立活動の指導』笹森洋樹・三苫由紀雄・廣瀬由美子〔編著〕（明治図書）2009年

『Q＆Aと事例で読む親と教師のためのLD相談室　新訂版』山口薫〔編著〕（中央法規出版）2011年

『先生、親の目線でお願いします！』海津敦子〔著〕（学研教育出版）2012年

『通常学級での特別支援教育のスタンダード』東京都日野市公立小中学校全教師・教育委員会・小貫悟〔著〕（東京書籍）2010年

『特別支援教育 実践 ソーシャルスキルマニュアル』上野一彦・岡田智〔編著〕（明治図書）2006年

『特別支援教育の基礎』宮本信也・石塚謙二　他〔監修〕（東京書籍）2009年

『はじめての「通級指導教室」担当BOOK 通級指導教室運営ガイド』笹森洋樹・大城政之〔編著〕（明治図書）2014年

『＜発達のつまずき＞から読み解く支援アプローチ』川上康則〔著〕（学苑社）2010年

『パフォーマンス・マネジメント』島宗 理〔著〕（米田出版）2000年

『フロスティッグのムーブメント教育・療法』マリアンヌ・フロスティッグ〔著〕小林芳文〔訳〕（日本文化科学社）2007年

『LD・ADHD＜ひとりでできる力＞を育てる 増補改訂版』長澤正樹〔編著〕（川島書店）2006年

『改訂新版 LD・ADHD・高機能自閉症の子どもの指導ガイド』独立行政法人国立特別支援教育総合研究所〔編〕（東洋館出版社）2013年

『特別支援教育をサポートする ソーシャルスキルトレーニング（SST）実践教材集』上野一彦〔監修〕岡田智　他〔著〕（ナツメ社）2014年

月刊誌「特別支援教育研究」全日本特別支援教育研究連盟〔編集〕（東洋館出版社）

『発達障害の友だちを理解するシリーズ〈7巻〉』（合同出版）

『発達と障害を考える本シリーズ〈12巻〉』内山登紀夫〔監修〕（ミネルヴァ書房）

『新しい発達と障害を考える本シリーズ〈8巻〉』内山登紀夫〔監修〕（ミネルヴァ書房）

◆参考情報

P.93
●「切り絵いろがみ」
エヒメ紙工株式会社
〒799-0113　愛媛県四国中央市妻鳥町3048-12
TEL 0896-58-3365　http://ehimeshiko.com/index.htm

●「スーパーコンパス くるんパス」
株式会社ソニック
〒544-0001　大阪府大阪市生野区新今里1-11-3
TEL 06-6752-3625（代表）　http://www.sonic-s.co.jp

P.103
●「ヒットマンガ」
タンサンアンドカンパニー株式会社
〒606-8167　京都府京都市左京区一乗寺樋ノ口町27-212
TEL 050-5539-8847　http://www.tansan.co

●「あそびっくす！　まなびっくす！」
かもがわ出版
〒602-8119　京都府京都市上京区堀川出水西入
TEL 075-432-2868（営業部）075-432-2934（編集部）　http://www.kamogawa.co.jp/index.html

●「UNGAME（アンゲーム）」
株式会社クリエーションアカデミー
〒171-0044　東京都豊島区千早4-27-6
TEL 03-3974-6123　http://www.meltcom.co.jp/index.php

●「キャット＆チョコレート　日常編」
株式会社幻冬舎
〒151-0051　東京都渋谷区千駄ヶ谷4-9-7
TEL 03-5411-6222（営業局）03-5411-6211（編集局）　http://www.gentosha-edu.co.jp

P.167
●強力振動目覚まし腕時計「Wake V（ウエイク　ブイ）」
株式会社東京信友
〒160-0022　東京都新宿区新宿1-14-5　新宿KMビル6F
TEL 03-3358-8000　http://www.shinyu.co.jp

P.153
●「食べる力を育むために～お口を使った遊びのメニュー～」
http://www.pref.tottori.lg.jp/secure/569923/taberuchikara.pdf
（鳥取県健口食育プロジェクト事業より）

P.195
●ビデオ教材「インターネット安全教室」
http://www.net-anzen.go.jp/study/movie/
独立行政法人情報処理推進機構（IPA）
インターネット安全教室事務局　net-anzen@ipa.go.jp

P.205
●パンフレット「特別支援教育」
http://www.mext.go.jp/a_menu/shotou/tokubetu/main/004/002.pdf
（文部科学省作成パンフレットより）

◆編者・執筆者紹介

【編者代表】

笹森洋樹（ささもり・ひろき）

独立行政法人国立特別支援教育総合研究所 発達障害教育推進センター 上席総括研究員(兼)センター長。
横浜市の通級指導教室で発達障害等のある子どもの指導と相談に携わる。その後、横浜市教育委員会
指導主事を経て現職。
専門は、発達障害、情緒障害、学校・教師コンサルテーション。特別支援教育士SV。日本LD学会理事。
〔主な著書〕
『写真でわかるはじめての小学校生活』(合同出版)
『新教育課程における発達障害のある子どもの自立活動の指導』(明治図書) など多数。

【編集委員】(50音順、執筆項目)

植田可奈恵（うえだ・かなえ）

横浜市立戸塚小学校
特別支援学級担任。
国立特別支援教育総合研究所の自閉症児への学習指導についての研究協力など、発達障害児への指導について学習中。「将来の社会参加」を意識した指導に日々取り組んでいる。
(12,36,37,54,59,76,86,93)

太田聡子（おおた・さとこ）

神奈川県教育委員会。
子どもの「できた！」を大切に、自立と社会参加に向けた授業作りと、地域と行なう共生社会作りを目指している。
(1,4,13,26,32,41,51,96)

岡田克己（おかだ・かつみ）

横浜市立仏向小学校。
特別支援教育士。雑誌「特別支援教育研究」編集委員。『特別支援教育をサポートする ソーシャルスキルトレーニング実践教材集』を分担執筆。SST、自己理解、感情認知、学習支援、レジリエンスをテーマに勉強中。
(6,20,27,48,50,55,67,87)

加藤守昭（かとう・もりあき）

横浜市立大綱小学校。
『親と教師のためのLD相談室』を分担執筆。子どもたちの発達を促すムーブメント教育や、子どもの実態を把握し支援する応用行動分析学を活用した活動を進める。
(5,18,31,34,57,83,95,99)

滑川典宏（なめかわ・のりひろ）

独立行政法人国立特別支援教育総合研究所 主任研究員。特別支援教育士。子どもたちの「自分にもできるかもしれない」「次もやってみよう」という自己効力感を高め、主体的な学びを育むことができる実践をテーマに勉強中。
(14,23,24,25,47,62,73,91)

【執筆者】(50音順、執筆項目)

飯島知子（磐田市立豊田北部小学校）…16,17,56,98
飯野茂八（青森県立弘前聾学校）…11,45,60,79
黄木悦子（神奈川県立相模原中央支援学校）…10,40,61,82
太田千佳子（北海道釧路鶴野支援学校）…21,49,70,94
片桐絵美（横浜市立桜岡小学校）…3,69,72,77
近藤春樹（川崎市立富士見台小学校）…9,39,68,85
齋藤珠恵（西東京市立谷戸小学校）…29,43,75,84
坂本司良（横浜市立西が岡小学校）…2,15,44,80

佐藤智久（横浜市教育委員会 東部学校教育事務所）…8,38,65,81
菅井昭宏（横浜市教育委員会 西部学校教育事務所）…7,33,64,78
寺尾祥訓（静岡市特別支援教育センター）…19,46,58,92
冨永由紀子（栃木県鹿沼市立みなみ小学校）…22,52,74,90
中込裕理（元山梨県小学校教諭）…35,53,71,97
樋口普美子（埼玉県和光市立本町小学校）…28,42,66,88
目良久美（北海道美瑛町教育委員会）…30,63,89

- ■装幀　椎原由美子
- ■イラスト　深見春夫
- ■本文組版　酒井広美（合同出版制作室）

イラストでわかる 特別支援教育サポート事典
―― 「子どもの困った」に対応する99の実例

2015年3月30日　第1刷発行
2022年7月30日　第8刷発行

編著者	笹森洋樹
発行者	坂上美樹
発行所	合同出版株式会社
	東京都小金井市関野町1-6-10
	郵便番号　184-0001
	電話 042(401)2930
	URL https://www.godo-shuppan.co.jp/
	振替 00180-9-65422

印刷・製本　株式会社シナノ

■刊行図書リストを無料送呈いたします。
■落丁乱丁の際はお取り換えいたします。

本書を無断で複写・転訳載することは、法律で認められている場合を除き、著作権および出版社の権利の侵害になりますので、その場合にはあらかじめ小社あてに許諾を求めてください。

ISBN978-4-7726-1226-5　NDC378　257×182
©Hiroki Sasamori, 2015